青の儀式

CERIMÔNIA AZUL

白須 純

Jun Shirasu

"地球はオレンジのように青い"

ポール・エリュアール

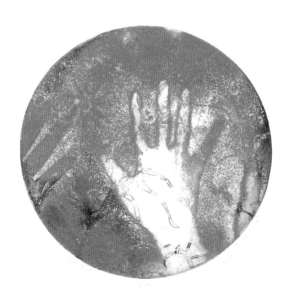

Boarding ©RATTON 2013

Cafetaria Namban ©RATTON 1998

indice

芸術
Arte

自然
Natureza

儀式
Ritual

遺跡
Permanece

民族
Pessoas

戦い
Luta

　ポルトガルではタイルのことをアズレージョといいます。特に白いタイル地に青い絵を描いたアズレージョ画は、みずみずしい雰囲気をもたらす独特の絵画様式です（巻頭の絵を参照）。わたしがはじめてアズレージョ画を知ったのは 1998年11月のことでした。ポルトガルから届いたエアメールに入っていた写真には、窓からの光を反射してわずかに波打っているタイルの絵が床に並んでありました。それがいったい何なのか、わたしはしばらくその写真に目を落としていたのを覚えています。タイルに絵を描く──。いまとなってはあたり前のようにタイルに筆を運び、削ったり、色をつけたりしていますが、当時のわたしにはタイルに絵が描けるということさえ、まるで考えられないようなことだったのです。

　わたしは美術大学の油絵科に入学したものの、途中で版画に転向し、1年間の休学期をはさんだ後に木版画で卒業しました。そして卒業してからしばらく引越しのアルバイトをした後、ロンドンのスレード美術学校へ留学して銅版画を学びました。

　スレード美術学校を卒業して5年ほど経ったある日、それまで数度壁画の制作にわたしを呼んでくれた、恩師のバルトロメオ・ドス・サントス氏から再び壁画制作の知らせが届きました。タイルの壁画を描くことになったわたしはリスボンに渡り、ドス・サントス氏と再会し、向かった先のタイル工場のアトリエでポルトガルのギャラリー「ガレリア・ラットン」の代表アナ・マリア・ビエガシュ氏に迎えられました。過去の経験から、到着の翌日には壁画の大画面に筆を走らせるということになるのはわかっていました。この時は縦3ｍ、横6ｍ、ポルトガル人冒険家フェルナンメンデス・ピントの書いた「東洋遍歴記」をテーマにした壁画シリーズで、5点のパネルのうち南蛮船を中央に置くなどした3点をドス・サントス氏と手分けして描くことになったのです。わたしは早速ポルトガルの船員や浜辺にいるサムライたちを描きはじめました。そのときはじめて手にしたタイルは、不思議な感触とともにわたしの手のなかに収まりました。まず青い水性顔料を刷毛で表面に塗り、柔らかい剣先で削ると白地が現れ、さらに加筆や削りを繰り返した後に焼成すると、いままで経験したことのない絵ができあがってきたのです。この画法にわ

たしは夢中になりました。気がつくとふたりでこの壁面を3日間で描き上げていました。

その後熱気を冷ますように街へ出かけ、伝統アズレージョの建物の外壁や、現代作家が公園や地下鉄の構内などに描いたパブリックアートのアズレージョ壁画を改めて見ることができました。美しいシントラの宮殿を訪れたり、リスボンの地下鉄を回ったりしても、そのなかでも特に目に付くのはやはり青と白のアズレージョでした。その世界は、まるで自分のためだけに存在しているように感じられ、魅了されたのです。

そのころわたしはまだ半分、「現代版画」や「現代美術」というカテゴリーに作家として身を置いていたいと考えていました。それが売れない身ながらも自分のいるべきポジションであり、そのため技法の研究や見せ方について模索し続けた時期を迎えていました。しかし迷いや疑問は常につきまとっていました。頭にいつまでも残る「現代」の二文字。これは一体何なのか。なにをすれば答えが出るのか──技術的な解決なのか、流行なのか、経済なのかシニシズムなのか？

一方「現代」の看板さえ立てておけばそれで済むという考え方は、いい加減なようでわたしには抵抗がありました。本来ならそれは伝統に対峙する姿勢であって、伝統とは因習的であり徒弟制度や同時に父権主義的であると批判しなくてはいけないはずでした。しかし実際には「現代」を冠した団体展があり、そこには会員を抱えた階級社会があり、また大学も同様に組織です。現代を標榜しつつ、組織は組織の論理に則って機能します。だからといって、内部に優れた自浄機能を持ちあわせているのかどうかは別の問題です。時が過ぎれば流行は終わり、その後洗い流されそこに残ったものを見極める時間も必要です。そしてわたし自身、身の回りの状況は、どこまでも混沌に満ち、延々と同じことが繰り返されるように思えました。

そこでわたしは、タイル画を知って数年たったある日、「現代」から退くことに決めたのです。これ以上現代に呪縛されることなく、現代を追いかけることを止め、伝統を学びタイル画もとよりアズレージョに専念していくことのほうが多くの発見にあふれ、新しい状況が自分のなかに

生まれるかもしれない、そう思ったのです。制作に没頭するためには「現代」との絶縁がわたし個人の答えとして出ましたが、しかしその「現代」には誰しもが無条件に立たされ、漠然とした不安に捉えられ、しかも逃れることができないではないか。反対に、タイルだけに固執するのもおかしなことではないか、ただの現実逃避に過ぎないのではないかと疑問を抱くこともありました。カテゴリーのなかに存在しないものは美術ではないのではないか、科目のなかに存在しないものはアートではないのではないか。本当にそうなのか。その疑心とともに魅力を発し続ける青と白の絵画、この2本の平行線はいつまでも交わることなく、そしてすぐに答えが出るわけもなく、わたしはただ前を向いて歩いていくだけ。そんな気がしていました。やがてわたしはオリエント財団の奨学金を受け、ポルトガルのアガビーダの山中にひっそりとあるラットン・スタジオで1年間、静かにアズレージョの研鑽を積むことになったのです。

　数年前、思いがけないアトリエの立ち退きをきっかけに、わたしは描くことよりもそれまでタイルで使い続けてきた青の顔料について調べることにしました。当初わたしが書きはじめた国や地域はポルトガルのタイルや中国の焼き物など、自分の目と知識の届く範囲のものでした。しかしもっといろいろな国や文化、そしてそこに住む人々がいかに青と過ごしたのか、興味を持ちはじめたのです。たまたま亡くなった叔父が以前くれた、大貫良夫著『マヤとインカ（世界の大遺跡）』（講談社）をめくると、そこには色鮮やかなヒスイの仮面、両頭のトルコ石の蛇、青い壁画が現れました。わたしは普段目にしなかったそれらの写真に感動を覚えながらも、そのうちアメリカ各地で見つかった青い染め物や神々の像、貝殻細工の装飾品などを知ることになりました。はじめはおぼつかないものでしたが、その先々にいた専門家、学者の文献、現地の人々の声や手による記録を頼りに、文章を綴りました。そして背中を押されるように南北アメリカや太平洋の島々を巡り、やがてアジアへと渡る旅になっていったのです。

　青を人が運び、神聖なものに捧げ、取引が成され、陸と海を渡り、顔料をめぐってかけひきや戦争があり、富の象徴とされ、夏の風物詩

となり、その時代と社会や交差する人間模様を複雑に織り成し、さまざまな形で青は歴史を彩りました。この本で紹介できるのはその一部にしか過ぎませんが、その全体像はきっと過去から未来へと広がっていく大きな青いうねりのようなものなのかもしれません。わたしはできるだけ多くの青を集め、書き留めておくことが必要なことだと思いました。それは自分の備忘録のためでもありましたが、この作業のなかでわたしが発見した文化と人々は、数多くの貴重な教えにあふれていました。彼らの青への思いと考え方を、いま多くの人たちと共有することは大事なことだと思います。わたしの抱えた小さな疑問は、大きな波のなかにいた1匹の魚のようなものと気づかされました。

白須 純

芸術
Arte

大アズレージョ画

　ポルトガルの北部、ポルト市の歴史地区は世界遺産にも指定される美しい街並みを残しています。王国とともに16世紀に栄え、アラブ様式を模したボルサ宮など、いまでも当時の趣が随所に薫るこの街を訪れる人は後を絶ちません。なかでも玄関口にあたるサン・ベント駅は、かつての修道院を改装して1916年に完成した歴史建造物です。この駅のホールにはおよそ2万枚のタイルに描かれた大アズレージョ画が人々の行き交う姿を見下ろしています。画家はモロッコ生まれのポルトガル人、ジョルジュ・コラーショ。[1]「セウタの征服」と呼ばれるこの壁画に描かれた光景は1415年、エンリケ王子率いるポルトガル軍がモロッコのセウタを攻略した時の勇壮な戦闘シーンです。実際には王子の軍勢は大きな抵抗もなくセウタの街を手に入れたといわれていますが、画面は19世紀に流行したロマン主義の手法でまとめられ、かつての栄華を誇ったポルトガル王国を賛美する壮大な作品になっています。

　壁画は青と白で描かれ、ポルトガルの多くの場所で見られる伝統的なアズレージョ画のなかでも大変美しいものです。この色合いが使われた16世紀は、世界中が青と白に魅了された時代でもありました。技法は顔料の酸化コバルトに水あるいは油を混ぜ、タイルの表面に描画した後、数回焼成されたものと見られ、また一部には油絵技法独特の描画法がうかがえます。ホール端の一部のタイルの描画は焼成不足により黒ずんで見えます。酸化コバルトは焼く前は灰黒色で、おそらく焼成が十分でなかったままに設置がはじまったと見られ、この状態で作業に入らざるを得なかった当時のスケジュールを想像すると、慌しい現場の声が聞こえてくるようです。

　ポルトガルはこのセウタを足がかりに、アフリカ西海岸のサハラ交易路を押さえ、いわゆるマグレブ諸国に大きな打撃を与えました。[2]そして彼らは支配した港を拠点に、航路を西へ南へと拡大させていったのです。世界をスペインとともに二分した当時の王国の勢力は、いまでもセウタ市の旗の中心に、リスボンの紋章が残されていることからもわかります。

1　ジョルジョ・コラーショ (1868-1942)　ポルトガルの画家で、アズレージョ画作品がよく知られている

2　モロッコなど北西アフリカの国々を指す

青い街

　モロッコ北西部にあるシャフシャウエンは、青い街として知られています。街に張り巡らされた小路と家々は青く塗られ、その魅力的な街角を目当てに世界中から観光客が訪れてきます。街が青く塗られた理由の数ある説では、悪魔の目をそらすため、あるいは蚊除けといわれています。

　シャフシャウエンの街は1471年に興って以降、1920年までキリスト教徒が立ち入ることを固く禁止してきました。また旧市街地のメディナにはこの街ができた当初からユダヤ人居住区があったとされています。モロッコは北アフリカのなかでも最もユダヤ人が多いところです。かつてユダヤの人々は政権の中枢を司る有能な官僚として重用され、またある時は住む場所を追われたり、虐殺されたりと、時代の波に大きく翻弄されてきました。8世紀にはイスラム人のイベリア半島への侵入とともにユダヤ人達もスペインへ渡り、新天地で暮らしはじめました。しかしスペイン、ポルトガルの国土回復、レコンキスタの巻き返しが強くなると再びその地を追われ、グラナダが陥落すると人々はイスラム人とともにモロッコに引き返すことになりました。この時、十字軍の砦として1471年にシャフシャウエンの街が建てられ、多くの避難民が移り住んだということです。街を興したモーレイ・アリ・ラシッドの娘サイーダ・アル・フーラは、後年モロッコのテトゥアンの女王となり、海賊として大暴れして数多くのスペイン、ポルトガル船を悩ませたことでも有名です。

　街が青く塗られたのは、メディナに住んでいたユダヤ人が1920年代にはじめたからだといわれています。同年にスペイン人がこの街を占領し入城した際、すでに本国では話されなくなっていた10世紀のカスティーリャ王国の言葉をユダヤ人たちが話し、12世紀のコルドバの皮細工が残されていたことに驚愕したそうです。

　街が青く塗られるようになった理由としては、ナチの手を逃れてヨーロッパから避難してきた人々が、神によって守られた街のしるしとして塗ったのではないかという説もあります。青はユダヤ教にとって神聖な色であり、ソロモン王やラビ僧も青い服をまとっていました。ツィツィットと呼ばれる青と白の毛糸で編んだ組みひもは、衣服の端やトゥーラの経典の飾りに付ける神聖なものとされています。

賢者の教え：

このヒラゾンは聖なるツィツィットにも使われる空のように

青い染料の元であり、次のような特徴がある。

その体は海のようであり、その形は魚に似て、70年に一度姿を現し、

そしてその血に浸った毛糸は聖なるツィツィットを青く染める。

希少のため、それゆえ高価である。

——「ユダヤ経典ミシュナー　コダシーム　メナホット44ａ」

　ユダヤ経典ミシュナーの一文を読むと、ヒラゾンというのは海の生物
であるらしく、古代の青の染料に使われたものであった様子がうかが
えます。ヒラゾンから作られた青は「テェレット」と呼ばれ、ユダヤ人は
この青を神秘の色として、時に体に塗り自らと同化させようとしたともい
われています。またテェレットで染められた羊毛は、同じ重さの金の25
倍もの価値があったものの、その技術はエルサレムを支配した638年こ
ろに失われ、その後1300年もの間わからないままになっていました。幻
の青料の復活はラビ僧たちの間でも議論となり、青い代替品でよいと
いう意見と、完全なテェレットの復活のみ許される、と意見が二分しま
した。

　謎の生き物ヒラゾンの正体ですが、ある目撃談が謎ときの鍵になりま
した。1858年、ある漁師が貝を捕ろうとしたところ、殻が割れて着てい
たシャツに汁がかかり、シャツは黄色く染まってしまいました。ところが
みるみるうちにそれが黄色から赤紫色に変わっていったのだそうです。
話を聞いたフランスの動物学者アンリ・ド・ラカーズ・デュティエがこ
の貝について調べたところ、古くから地中海に棲むツロツブリという巻
貝であることがわかりました。

　ツロツブリの貝を開いて中身を取り出すと黄色い軟らかな身が出て
きます。そして身をしばらく陽にあてておくと、次第に青く変色します。
まとまった数のツロツブリと水をビーカーに入れ、羊毛を浸すと黄色く
染まります。次に羊毛を陽にあてながら容器から引きあげると酸素と
反応し、動物性インディゴ特有のジブロモ・インディゴが生成されて青
くなります。ジブロモ・インディゴが作られるのは、貝に含まれる酵素の

ためですが、陽が十分にあたらないと紫色になってしまうこともわかりました。しかしどちらも植物性インディゴとは異なり大量には生成できず、ローヤル・パープルと呼ばれた濃紫1グラムを抽出するのに1万〜1万2000個のツロツブリを必要としたといわれています。ヒラゾンとはツロツブリの巻貝を指し、経典のとおり、非常に高価なものだったようです。

　シャフシャウエンには、街ができた時からここに暮らすユダヤ人の考え方が長く伝えられ、街を青で塗るということもそうした教えからはじめられたものだと見られています。

　実は先に述べた、悪魔の目をそらすために家を青く塗るという習慣は意外なところで見つかりました。画家のフリーダ・カーロ[*1]が生涯にわたって住んだメキシコ市、コヨヤカンの「青い家」と呼ばれる「カーサ・アズール」は、フリーダが3歳のころに父ギリェルモが建てた家です。詳しくはP35で記述していますが、1936年ころまでにフリーダと夫のディエゴ・リベラによって青く塗り替えられて、彼女の死後はフリーダ・カーロ美術館として一般公開されています。父親のギリェルモはハンガリー出身のユダヤ人であり、家の改修工事の際に青くすることを望んだといわれ、その理由は、ユダヤ人の農夫は悪魔よけのために青い色を選んでいるから、というものだったそうです。[*2]

1　フリーダ・カーロ（1907-1954）　メキシコの女性画家。左足の成長不全、脊椎損傷など身体的苦痛に悩まされ続けながらも精神世界を奥深くえぐる作品を描いた
2　ハンガリー、トルコなど内陸部で牧畜をしている"アシュケーナジ・ユダヤ人"のこと。ガラス製の青い目の悪魔除け（ナザール）を持つ者もいる

2004年、カリブ海の島国グレナダでスキューバダイビングのインストラクターをしていたジェイソン・デカリース・テイラーは当時29才でした。[*1] ロンドンの美大で彫刻を勉強したものの、その後プロのアーティストになろうというガッツも湧かず、残りの人生をインストラクターで終わらせるのも不本意に感じていたといいます。そんななか、グレナダ政府や勤め先のダイビングセンター、友人の海洋生物学者らに「海底彫刻公園」を作らないか、と持ちかけたことが彼の人生を変えるきっかけとなったのです。

セメントで人体を型取りした彫刻作品。街角にそのような塊が立っていたとすれば、おそらく大多数の人は目もくれず、やがて都会の埃にまみれ街の景観を汚す公害アートの標的にされることになったかもしれません。しかし彼の作品は海に沈められたことによって全く違う意味を持ちはじめました。まさに海中庭園。海に沈んだ中性セメントの彫像群は、人間の手によっては作りえないものを生み出していきました。それは作者であるテイラー自身も計算していなかったことだったといいます。テイラーに同行した英紙ガーディアンの記者、スーザン・スマイリーはこのように話しています。

「彫像には新しい命が芽生えていた。血のような赤い海綿が女性像にこびりつき、鼻も、目も、口も覆われ輪郭がおぼろげになっていた。色は鮮やかで、頬はまるで脈を打っているように見えた。髪の毛に藻が生え、アクロパラサンゴがあごの下から突き出していた。テイラーは覗き込んで下にいたロブスターを指差してうなずいた。サンゴが元気に育っている証拠だった。ここを訪れる人々が目にするのはすばらしい抽象彫刻群。溶けた顔、二枚貝にドリルのような細かい穴を開けられた胸、夜になると人の首でうごめくウニ、泡を吹く藻、船乗りの目玉と呼ばれるオオバロニアが像にしがみついている」

グレナダの行政府から許可をもらったテイラーは、イギリスに戻り彫刻を沈めるための資金作りに専念しこの時のための準備を進めました。テイラーいわく、「彫刻を沈めることしか、考えていなかった」。

行動力の引き金になったのは2004年9月、巨大台風アイヴァンがグレナダを襲い、強風と怒涛が沖合いのサンゴ棚をことごとく引き裂いていったことに起因します。打ちのめされたサンゴ棚を見るにつけ、なにか打つ手ないかと考えたところからすべてがはじまりました。彼は、自分の出した答えにまっすぐ向かっていったのです。そして「通信員」という初の海底彫刻作品をグレナダのモリニエール湾に沈めました。

　テイラーは海に潜る度に作品の撮影をし、やがて作品のところどころに、藻やサンゴが付着しはじめているのを見つけました。しだいに表面を覆う海洋生物の数と種類は増え、「変遷」と題した彫像群では、ある時サンゴによって作品全体が覆われてしまいました。SNSでその画像がひとつ、またひとつとアップロードされていくと、世界中から反響が届くようになりました。そしてテイラーも思ってみなかったほど、その声は大きなうねりとなって広がっていったのです。

　常にひとりであり、考え続けなくてはいけない、自身に投げかけられた問いに真摯に立ち向かう姿勢を保ち続けなくてはならない。アーティストとはそういう存在だと思います。無からものを生み出す、それは難しいことのように思えます。しかしテイラーが行ったことは、大学で学んだ彫刻と、ダイバーであったこと、写真を撮ったこと、自分ができることをやっただけだった、ともいえるのです。

　彼が深く考えたのはサンゴの生き死――そこで出た答えは不確かなものでしたが、彼は自分の考えを持ち続けて、自分も世のなかも変わるものであることを、身をもって体験したのだと思います。そしてこの美しい海中庭園のなかに現れたものは、厳格なる生と死の世界であり、彼はその世界を「神聖」という言葉でいい表しています。

　サンゴ礁の減少は世界的な問題です。2011年の世界資源研究所の報告書では世界の約75％のサンゴは危機に面しているとされています。海洋生物のおよそ1/4がサンゴ礁をシェルターとして棲息していると考えると、これは非常事態と呼ばざるを得ません。海は陸上の人間たちによって排出された二酸化炭素を吸収しているものの、海水の酸化が進み、海洋温度の上昇はサンゴの白化につながります。さらに大規模漁業と水質汚染、海洋プラスチックの問題は海のエコシステムを

支える多くの生態系を喪失させつつあります。テイラーは、「ほとんどの時間といっていいと思うが、われわれは海を見ているのではなくて水平線を見ている。海は膨大だ、無限だ。そしていつもそこにある。だからついなにも変わっていないように思え、なにもしなくていいように考えてしまう。当たり前に思っていてはいけない。それは危険なことだ。海のなかに入り、海の水に触れることで海が変わっていることがわかる」と、作品を通して問題の深刻さを伝えています。

「静かなる進化」

　2009年、テイラーはカリブ海沿岸のカンクーンにほど近いプエルト・モロレス村に移り住んでいました。ムヘレス島のプンタ・カンクーン、プンタニジック国立公園の主任ジェイム・ミキ博士は、公園内のサンゴ礁が傷つけられたり、壊されたりする被害が増え続けているのを懸念していました。その現状を知ったテイラーは、プエルト・モロレス村にスタジオを構え、地元の漁師たちを呼んで作品を作りはじめました。テイラーの彫刻は、人体をかたどって、そこにセメントを流し込むというものでした。人々は最初、キャスティングされることに戸惑いを感じていました。しかし、何人かの漁師が試しにやってみると、ほかの地元民も興味を示しはじめ、やがて村中の人々が押し寄せてくるようになりました。彼らのなかに、「この彫像はかつて西アフリカからアメリカに向かった奴隷船が沈没し、乗り組んで溺れ死んだ奴隷を悼むものか」という質問をした住人がいました。テイラーはそこまで自分の考えが及んでいなかったことを認めざるをえませんでしたが、後になってそのことが彼の作品により大きな発展を促す一里塚になったのです。

　それから次第に、漁師、子ども、妊婦、老人、老女など、沢山の人たちが作品の周りに集まってきました。彼らはすでに自分たちがなにをしているのかを理解し、また自分たちのしていることに誇りを持ちはじめていました。自分の生き写しが海底に沈み、やがて自然が以前のように戻ってくること、同時に美術館に観光客が大勢くることを願いました。彫像の数は500体以上にもなり、カンクーン海底美術館ムサ-MUSAは2010年11月、一般公開されました。

"The Silent Evolution" 2010年 © Jason deCaires Taylor. All rights reserved, DACS & JASPAR 2020 E3770

プエルト・モロレス村の人々の彫像は「静かなる進化」と名付けられ、海面下およそ8mの海の底に設置されました。この彫像群はおよそ420㎡の広さを持ち、全体の重さはおよそ200トンにも及びました。もしこれが地上に設置された作品であれば巨大なインスタレーションのはずですが、海のなかではただの斑点にしか過ぎないのです。しかしこの小さな点から、再びサンゴ礁を増やしてゆくという、大きな期待がこめられていました。

"Let's think big, let's think deeper.
Who knows our imagination will power and lead us."

「大きく考え、そして深く考えよう。
想像力がわれわれを導いてくれるから。」

「ランペドゥーサの筏」

　地中海に浮かぶイタリア領ランペドゥーサ島。チュニジアのスファックスからおよそ150kmの海上にあるこの島の沖合いで2013年10月3日、リビアから出発した約500人を乗せた難民船が沈没しました。さらに一週間後の11日、シリアやパレスチナからおよそ200人を乗せた別の難民船が相次いで沈没し、衝撃的な事件として世界中に報道されました。この海難事故の死者、行方不明者はあわせておよそ360人と伝えられています。

　カナリー諸島、ランサローテ島。ここに建てられたムセオ・アトランティコ海中美術館にある「ランペドゥーサの筏」は13人の乗組員をまだ見ぬ未来へ運んでいるかのような不安を覚えさせる作品です。ボートの先には、目を閉じて体を休ませるアフリカ人の男。

　テイラーに自分の頭部をかたどりされたこの男は、西サハラの街ラーユーヌからやってきました。12才になるまでに彼は姉と父を亡くし、残された兄弟10人と母親を支えるために働きました。ある日、男は西サハラを離れることを決意し、ボートに乗ります。ボートは安全に見えたものの、海上でエンジンが止まり海水が入ってきました。一緒に同乗した24人とともに、いつ溺れ死ぬともわからぬ死の漂流を4日間にわたり体験したといいます。偶然にも通りかかった漁船が彼らを見つけ救助しました。彼がたどり着いたランサローテ島から母のいる村へ電話すると、息子の出国を知らなかった母親は泣き崩れました。

　テイラーの沈めた作品「ランペドゥーサの筏」のゴムボートの後方では、額を手で覆い仰向けになった人物が横たわっています。ここに暗示されているのはテオドール・ジェリコーが1818年に描いた「メデューズ号の筏」という油絵です。

　この作品の背景には実話があります。フランス海軍の船が座礁したため、147人の乗員が急ごしらえの筏に乗って脱出しましたが、最後に生き残ったのは15人だけだったという歴史的海難事故がもとになっています。ジェリコーは筏の模型を再現し、漂流中に行われた人食につ

"The Raft of Lampedusa" 2016年

いて生存者に直接話を聞き、並外れた執念でこの地獄絵を描き上げ迫真の作品に仕上げました。この絵が発表されるやいなや、扱われた題材の衝撃と、船を出航させた時のフランス王党派と政治体制を批判するものだとして大きな議論が巻き起こり、当時の社会問題にもなりました。

　時代は移り、アフリカの北岸から次から次へと船やボートが地中海に乗り出した2014年には、およそ14万人の人々がイタリアへ向かったとされています。しかし同じ年、2500人以上の人々が海に沈み命を失いました。子どもたちの水死体がイタリアの浜辺に打ち上げられ、漁師の網に頭蓋骨がかかり、辿り着いたとしてもヨーロッパの海岸には鉄のフェンスが張り巡らされ、レスキュー隊は引き上げ、政治家は現実から目を背けてしまいました。「ランペドゥーサの筏」は記念碑でもなければ慰

霊塔でもない、しかしわたしたちの生きた時代の道しるべとして、わたしたちすべての者の責任として海中に置かれたのです。

　やがて時代が変わり、人々が海中美術館の存在すら忘れ文明のすべてを失ったころ、それでも自然がわれわれを生き延びさせる——そんな未来が訪れるかもしれません。そしてその時存在する者たちは、この沈められた、あるいは氷河期の退潮によって海から現れ、晴れた日の光を浴びる彫像群を目にするのでしょうか。「人類が忘れ去られたもの」になった太陽の下で。
　　★3

1　ジェイソン・デカリース・テイラー（1974年）　イギリスの彫刻家、プロ・ダイバー、世界初の海底彫刻公園の設立者。現在カンクーン（メキシコ）、バハマ、ランザローテ（スペイン）、テムズ川（イギリス・ロンドン）などに多くの彫刻作品が沈められている
2　テオドール・ジェリコー（1791-1824）　フランスの画家。徹底した事実検証と写実を追求した作品で知られる
3　"Maybe he's dreaming of a time where humans have been left behind, a nature that's survived us,""We might be the forgotten ones." quoted words by Guardian art critic Jonathan Jones.
「おそらく彼は人類がすでに文明を失い、ただ生きながらえた存在になった、そんな時代のことを夢見ているのかもしれない」、「われわれが忘れられた者として」英誌ガーディアン美術評論家ジョナサン・ジョーンズの引用

「ポール・エリュアール、僕を忘れないでと言わんばかりの彼の青い
目は、地球の讃える青の強さに等しい」——パブロ・ネルーダ

　チリが生んだ世界的詩人パブロ・ネルーダ。彼の詩のなかで人々の
心をつかむのは、数多くの美しいメタファーだといわれています。ネル
ーダの名をふたたび世に広めた映画に、マイケル・ラドフォード監督の
『イル・ポスティーノ』(1994年 イタリア)があります。たったひとりの詩人
のためだけに郵便配達人となった島の若者マリオ・ルオッポロは、食
堂の女主の姪に恋をし、詩人となって恋心を伝えるべくネルーダにメタ
ファーを教わります。マリオはネルーダの出した「空が泣く」という比喩
を雨のことだといいあてると、詩を「言葉の波に揺れる舟」と自ら比喩
を作ります。そして娘には「君の微笑みが蝶のように広がる」と想いを
伝え、詩作の深みへと一歩ずつ近づいていきます。そしてマリオはネ
ルーダの去ったカプリ島でひとりで詩を書き続け、やがて詩人としての
人生に生きがいを見つけていくのです。
　カプリ島にはファラグリオーニ、モナコーネと呼ばれるふたつの絶海
の島があり、海に浮かぶ切り立った断崖とそこに根を張る樹木が目を
引き付けます。ネルーダの詩には海を題材とした作品が多くあり、海の
膨大さ、波、泡、そして永遠に続く時間が寄せては返す波音のように
描かれていきます。

わたしには海が要る

なぜなら海は教えてくれるから

音楽をならったせいか

さとったせいか　わからないけれども

ひとすじの波が　果てしのない存在が

あらあらしい怒涛が　海面で輝く魚や船が

教えてくれる

わたしが寝むりにおちるまで

磁力に吸い寄せられるように

わたしは波の宇宙に身をくぐらせる

　（──『黒い島の思い出』第3章「冷たい炎」「海」より）

　　そう、しかしわたしはここにひとりでいる
　　波が
　　立っている
　　たぶんそれは名前を言ったのだ
　　わたしにはわからない名前を
　　ぶつぶつと、体にまかせて
　　うねり　泡を立てて
　　そして引きかえしながら　だれか
　　やつがわたしになんて言ったかわからないか？
　　そして待った
　　ふたたびきれいな透明が近づいてきた
　　いくつものやわらかく泡立っているそれを
　　いや　わたしはそれをなんとよんでいいのか
　　わからない
　　だからそれらはささやきながら
　　砂の口にしみこんでいってしまった。

　（──『黒い島の思い出』第3章「冷たい炎」、「波の独白」より）

　　海の情景は、やがて険しい山の岩肌と暖かい陽射しに守られた母国の風景に戻っていきます。そこで見上げる空は深く青く、ネルーダのまなざしはやがて大いなる宇宙へと向けられます。

アメリカの山脈は粗野で

毛深く、峻厳な、雪の

銀河。

ここには青い母なる青が棲む

青の秘密、青の孤独、

青の砦、ラピスラズリの青、

わたしの国の青の脊髄。

〔中略〕

地界の青い宮殿、

衝撃の青い結晶、

氷の上の大洋の目、

ふたたび水から出て

光に向かって昇れ、

陽の光のほうへ、

宇宙の素肌へ、

青い地球が青い空に帰るところへ！

（──『空の石』XX：「粗野なるアメリカの山脈」より）

　ネルーダの詩には力があり、その力の使い方はまるで光のように速く感じます。手のひらに落ちた雨のしずくが次の瞬間には怒涛の波しぶきとなって立ち現れる。ネルーダの目には物の大小や人の目に触れないものなど、あらゆるものに神の存在があるということを比喩しているようです。「大きな音は聞こえない、大きな象は目に見えない」という老子の教えを思い出させます。

　メキシコ人女性画家、フリーダ・カーロは「シュールレアリズム宣言」[*1]を書いた仏人作家アンドレ・ブルトンに見出され「爆弾に結ばれた色のついたリボン」と絶賛されました。1938年、ブルトンはニューヨークのジュリアン・レヴィー・ギャラリーに彼女を紹介し、25点の油画を展示したフリーダの初個展が開催されました。会場には彫刻家のイサム・ノグチ、画家のジョージア・オキーフなど親しい友人らが駆けつけました。

　ニコラス・ムライは、ハンガリー出身の写真家で、『ヴォーグ』、『ハーパーズ・バザー』などに写真を提供するカメラマンでした。彼はフリーダの滞在中、ニューヨークの自宅のスタジオに彼女を招き多くの写真を撮影しました。代表的な写真では、「青いドレスのフリーダ」、「マゼンダ色のレボゾのフリーダ」などがあり、特に「白いベンチに座るフリーダ」は翌年のフランス版ヴォーグの表紙を飾りました。

　ムライは1931年、メキシコ人の友人ミゲル・コバルビアスとメキシコに旅行した際、はじめてフリーダに会っています。ムライが最初に撮った彼女の写真は37年、メキシコ・ティザパンにあるコバルビアスの自宅だったとされています。ふたりの恋愛関係は実質この年からはじまったとされ、1948年までの間にムライは約90点のフリーダの写真を撮影しました。フリーダは次の個展のためにニューヨークを離れましたが、パリに到着後体調を崩して入院。病床からムライへこう手紙を綴っています。

　「わたしの賞賛するニック、わたしの坊や。いま、アメリカン病院のベッドから書いています。昨日はじめて熱が治まってお医者が食べてもいいといったので少しよくなりました。でも2週間前に歩けなくなるほど具合が悪くなって、おかげで救急車の世話になったの。どうしてだか腸から腎臓に大腸菌が入ったらしくて、その炎症のせいで痛くて死ぬ思いだったの。〔中略〕マルセル・デュシャンの奥さんが少しよくなるまでうちに一週間くらい泊まっていいっていってくれたの。今朝あなたの電報が届いて、嬉しくて泣いてしまったわ。わたしの心から、血から、あなたに会いたい。優しいあなたの手紙は昨日届いて、わたしがどれほど喜んだか言葉にできないほどきれいで優しくて。愛するあなた、あなたはすばらしいわ」

ムライの撮った「青いドレスのフリーダ」は彼女の画集には欠かせない代表的な1枚になっています。この撮影のおよそ10年前、フリーダは青い半そでのドレスを着た自画像を描いています。前年はメキシコ人画家のディエゴ・リベラと結婚し、フリーダは幸福の絶頂にいました。

　6歳でポリオを発症したフリーダは右足に障害をかかえたままの生活を余儀なくされました。さらに18歳の時バス事故に遭い、背中に大怪我を負ったため3ヶ月間の自宅療養を送っています。彼女は生涯にわたって身体的苦痛に悩まされ続け、結婚という人生の大きな転機にこの青いドレスの自画像を描いたと見られています。

　1933年、建設家ファン・オゴールマンの設計したディエゴとフリーダのふたりのアトリエがメキシコ市内に新たに完成しました。ここにはふたつの建物が並び、ひとつは白いディエゴのアトリエで、もう一方はフリーダの青いアトリエでした。このふたつのアトリエは橋で結ばれ、ふたりのアーティストの独立性を配慮した現代建築と謳われました。現在は「カーロとリベラの家」として知られ博物館になっています。しかしこのアトリエができてからフリーダの妹クリスティーナとディエゴの関係が深まり、フリーダはまもなくアトリエを去りメキシコ市内に独居。その後ニューヨークへ傷心の旅に出て行きました。

　旅から戻ったフリーダは、父ギリェルモが建てた生家に戻りました。この家は後に青く塗られることになり、同じ年に描かれたフリーダの「祖父母と両親と私（ファミリーツリー）」には、裸で庭先に立つ幼いフリーダの姿と、壁を青く塗られた家が描かれています。

　また1936年から38年にかけて「青い家」にはソ連から亡命してきた共産党員のレオン・トロツキーと彼の妻セドヴァがハウス・ゲストとして滞在していました。彼らが招き入れられた時にはすでに家は青い外壁で囲まれていたといわれています。ソ連共産党のスターリンは意見の対立するトロツキーを国外に追放し、さらに秘密警察に彼の暗殺を命令していました。トロツキーと彼の妻の安全を考えたディエゴとフリーダがこの時期に家の大規模な工事を行い、その際フリーダの父であるギリェルモの希望もあって、壁を青く塗られたといわれています。

　ディエゴはフリーダの父ギリェルモに代わって家の残債を支払い、さ

らにこれらの工事にも出資しました。この家には以前からイサム・ノグチ、パブロ・ネルーダ、セルゲイ・エイゼンシュタイン、そしてアンドレ・ブルトンなど各界から多くの人々が訪れ、ディエゴとフリーダは伝統的なメキシコ料理で人々をもてなすのを常にしていました。こうした社交関係で家がにぎわうなか、債務の問題や破局も回避したかに見えたふたりでしたが、再び関係は冷え込んでいきました。このころ描かれた彼女の自画像は、胸に穴が空き、また青いスカートが遠方に飾られるという物悲しい風景になっています。

　1939年、パリから帰国したフリーダはディエゴ・リベラと離婚。この年に描かれた「ふたりのフリーダ」は象徴的な自画像になっています。椅子に座るふたりのフリーダ。青いドレスのフリーダの心臓から、白いドレスのフリーダの心臓に血が送られる様子が大きく描かれています。血の滴る白いドレスのフリーダは死を匂わせ、もうひとりの青いドレスのフリーダには、悲しみのなかにも本来の彼女の姿を思わせるような生気が感じ取られます。

　手紙は、彼女が想いを抱くムライに向けて、離婚を決意した夫のディエゴを並べながらこのように結んでいます。

「わたしはあなたやディエゴが馬鹿々々しいゴシップや"知性的"討論に時間を無駄にしているところなんて見たことがないわ。だからあなたたちは本当の"男達"でお粗末な芸術家なんかじゃないの。グーッガガガッー！　ここにヨーロッパが腐っているのを見にきたわけよ。こいつらみんなが──なんのいいこともない──ヒトラーやムッソリーニを生む原因なのよ。〔中略〕ブルトンとこのお粗末な場所も全部地獄へ行って。『あなたの』ところへ戻りたい。あなたといたすべての瞬間、あなたの声、あなたの目、あなたの手、あなたの美しい口、あなたの笑顔、きれいで正直な。あなた。愛しているわ、ニック。あなたを愛していると思うと、幸せになれるの──あなたがわたしを待っていてくれて──わたしを愛してくれることを。〔中略〕あなたの首に特別なキスを。もしメアリー・スキアとルジーに会ったらよろしく。ショチテ」

　フリーダの手紙の最後に書かれた「ショチテ」はナワ語で「花」を指

し、花は同様にいけにえの心臓も意味しました。

　アステカにはショチケツァルという女神がいました。ショチケツァルにはいつも鳥と蝶が戯れ、肥沃、美、女性の精力、女性の守護神、安産の女神、織や刺繍など主に女性の従事した工芸、芸術の女神とされました。また彼女の聖なる花はマリーゴールドで、ウィピルなどの伝統衣服では黄色の柄がこの花を表わしています。またフリーダの生まれた日（1907年7月6日）はアステカの20進法の暦では花の日にあたり、この日に生まれた者はよく働くアーティストであるともされています。そしてフリーダはこの「ショチテ」をムライの手紙にだけ使っていたことがわかっています。

　1939年にムライがニューヨークで撮ったフリーダの写真には、彼女がすその広い青いスカートをはいて悠然と座っている姿が映し出されています。ナワ語で「青いスカート」とはメキシコにあるラ・マリンチェ山のことをいい、美しい裾野を指してそう呼んできました。この山はアステカの雨、水、歌の女神を意味していましたが、歴史に名を残すマリンチェという女性のことも意味しています。彼女は、アステカを滅亡に導いたスペイン人征服王コルテスの妻として知られ、メキシコではいまでも裏切り者に対してその名を浴びせかけることがあるといいます。フリーダのこの青いスカートの姿は、まさにニューヨークでメキシコ人の夫ディエゴ・リベラを裏切ったマリンチェ役を演じているかのようです。

Ⅰ　シュールレアリズム宣言　1924年に詩人であり評論家のアンドレ・ブルトンが発表した芸術上の
　マニフェスト

自然
Natureza

ブルーグロット

ローマの皇帝ティベリウス（紀元前42年―紀元後37年）は、晩年カプリ島に隠遁してブルーグロット（青い洞窟）で水浴びをし、神像を奉り神殿に仕立てたといわれています。1964年、深さ150mの海底からネプチューンとトリトンの像など3体が見つかりました。2009年の調査では7つの台座が発見され、これらの3体に加えてさらに4体の神像が存在し、未だ海底に沈んでいるものと見られています。

洞窟内には3本の天然の道があり、そのうちのひとつは「名前の部屋」と呼ばれる空間に通じています。壁には、古代からここを訪れた人々の名前が書かれているといわれています。

ブルーグロットは開口部約2m、襞（ひだ）のような断崖の裂け目にあり、海上からでしか近づくことはできません。観光客を乗せたボートは、頭を低くするか寝そべるようにして入口を通り抜けなければなりません。

洞窟内は幅約25m、奥行き60m、深さは150mで海底は砂状です。洞窟内は一面鮮やかな青に包まれ、幻想的な光景を体験することができます。水面から青い光が発せられるように見えるこの発光の仕組みは、海中にあるもうひとつ別の入り口からの光によるものです。船の通る入り口は水面下で太さ1〜2mの岩によってふさがれていますが、その下にそれよりも約10倍大きな口が開いているため、洞窟の上部に向かって屈折した光が入るようになっています。

また海中からの屈折光は赤い光を遮断するため、出入り口からの光と海中で乱反射し、海面上に鮮やかな青色を投射するということです。もうひとつの特色は、洞窟の水中に物を入れると銀色に輝いて見える現象です。これは水中で発生する小さな泡によるもので、入れた物の周りについた泡で光が屈折し、屈折していない周りの海水を通して見るとこのような視覚現象を起こします。

カエル

ブルーポイゾンダートフロッグ、またはブルーアローフロッグ。このカエルは美しい青い色をしていますが、実は強力な毒を持っており、かつて南米、南スリナメの原住民たちはこの毒を弓矢や吹き矢の先につけて獲物や敵を倒すのに使いました。原住民トィリオ族はこのカエルをオコピピと呼んでいます。日本名はコバルトヤドクガエル。重さはおよそ8グラム、体調は3〜4cmでメスは5mmほどオスより体が長く、オスは後ろ足の指が長いのが特徴です。指を貧乏ゆすりのようにピクピク動かす特徴があります。

野生での平均寿命は約7年。飼育されているものでは10年くらい生きる固体があるそうです。アメリカ国立ボルチモア水族館には23年生きたという長寿記録があります。カエルの皮膚の色は青で胸や腹の部分が濃く、背中や頭は黒い点で覆われています。コバルトヤドクガエルの皮膚には有毒なアルカロイドを出す腺があり、これで天敵から身を守っています。毒はひどい味で、口に入れると神経が麻痺し、最後は死にいたることもあるそうです。黒い点の模様は固体によってそれぞれ違い、認証識別として観察上便利だということです。前足、後ろ足にはそれぞれ4本の指がありますが水かきがなく、泳ぎはあまりうまくありません。しかし指の先端には吸盤がついていて、体を固定することができます。メスの指の先端は丸く、オスはハート型。オタマジャクシは他のカエルと同様、親の姿に似るところはなく、尾の長さは6mm、体長10mm、足がなく、肺の代わりにエラを持っています。

コバルトヤドクガエルは陸に棲む生き物ですが、起きている間は水辺の草陰や落ち葉のなかに隠れて過ごします。食べ物はアリ、甲虫、ハエ、ダニ、クモ、シロアリ、ウジ、イモムシなどです。飼育する場合は他のフキヤガエルのように主にミバエ、コオロギ、バッタ、コメツキムシなどが与えられます。また縄張り意識が非常に強く、侵入者を見かけると威嚇します。いろいろな鳴き声を浴びせかけ、追いかけ、またぴょんぴょんと暴れたり、抱きついたり、レスリングのようなことをして追い払うのだそうです。コバルトヤドクガエルの肌は有毒ですが、食べ物を変えることによって毒性が薄れることがわかっています。成長したコバル

トヤドクガエルにはその猛毒のためか天敵がいません。ただしオタマジャクシの時期にはまだ毒が備わっていないので、ヘビ、トカゲその他の生き物の餌食になります。南スリナメのシパリウィニ・サバンナは氷河期以前は熱帯雨林だったと考えられています。熱帯雨林はその後乾燥地帯に変わりましたが、もともと熱帯雨林のころからの地質がいまでも点在しているそうです。そのような場所ではかつてのように水分が保持されやすく、そういったところがコバルトヤドクガエルの棲息に向いているということです。

2〜3月、雨季に入ると繁殖の季節を迎えます。相手を見つけるためにオスは岩の上に乗って静かな鳴き声を発し、メスはその声を聞いて声の主を探します。メスはオスを見つけるとやにむに襲いかかりますが、オスはメスを産卵場となる水辺へ連れて行こうとします。メスが卵を産んだ後、オスが精子をかけて受精が行われ、1組のカップルはいくつかの卵塊にそれぞれおよそ6〜10個の卵を生みます。卵はオスの縄張り内にあり、オスは侵入者から卵を守ろうとします。2〜3週間後、卵がかえると別の水場に運び、10〜12週間程度かけて十分な大きさのオタマジャクシに育てるそうです。オスもメスも繁殖に適した年齢になるには2年程度かかります。コバルトヤドクガエルは人から離れた地域に棲んでいることもあり、はっきりとした生息数は把握されていません。しかしながらこのカエルが非常に貴重な種であることには変わりありません。

コバルトヤドクガエルは1968年にはじめて発見され、現在国際自然保護連合（IUCN）のレッドリスト、絶滅危惧種に登録されています。

クジラ

Blue whale（青いクジラ）と呼ばれるシロナガスクジラは歴史上最も大きい動物として知られています。全長34mでバス2台分より長く、150トンにもなり、トレーラー3台分くらいの重さになるそうです。海洋生物学者でシロナガスクジラを生涯にわたって追いかけているリチャード・シアーズ氏によれば「この姿の持つエネルギーに興奮を忘れたことはない。海中で隣を泳いでいると心臓が破裂しそう」なほど、感動を与えてくれるといいます。

シロナガスクジラは、ナガスクジラ科と呼ばれるグループに属するヒゲクジラです。3種類いる亜種のうちのひとつで、その多くは北半球と北極におり、またそのおよそ1/3がピグミー・ブルー・クジラといわれています。主にインド洋や太平洋南西海域に生息し、名前のとおり比較的小さいとはいえ、成長すると24mにもなるといいます。彼らは皮膚にひだと溝があるのが特徴で、栄養となる魚やオキアミなどを大量の水と一緒に飲み込む時に、口が十分に開くような仕組みになっています。

もともとクジラの祖先は4本の足があり、陸上を移動したり水に潜ったりしていたと考えられていて、バクとラッコの中間のような生き物だったようです。およそ4300万年前のこと、アフリカにいたこの生物はある時、食料を求め海のなかに入っていきました。やがて長い世代交代の後、この生物はずっと海中にいることに順応し、しだいにヒレを持ち脂肪を蓄え、呼吸のための鼻腔を頭頂部に移動させていったのだそうです。そして大西洋を回遊し、ある日太平洋にやってきました。ペルーの沿岸部で化石が発掘され、かつては尾が長く、歯が生えていた跡が見られました。やがて歯が退化し獲物を口でしゃぶるようになったため、現在に至るクジラヒゲ（隙間のあるブラシ状の板）を獲得したといいます。そしてこのヒゲを使って栄養分をフィルターで漉すようにしてとる食べ方になっていったと考えられています。

ほとんどのクジラがオキアミを食べています。オキアミとは小さなエビのような生き物です。クジラは獲物がいっぱい詰まった海水を思いっきり飲み込みたいのです。そのためオキアミでいっぱいの海の水を追いかけて、体を捻じ曲げてでも飲み込もうとします。そのときにクジラが飲み込む水の量は、クジラの体と同じくらいの体積になるといいます。ク

ジラはクジラヒゲを通して今度は飲み込んだ水を吐き出しますが、クジラヒゲがフィルターの役割をしてオキアミは口のなかに残ります。クジラが1回で飲み込むオキアミのエネルギー量はおよそ50万カロリーにも及ぶということです。

2017年に出された進化に関する調査では、クジラが大きくなったのは比較的最近のことで——といっても300万年くらい前のことになるそうですが——クジラがここまで愉快な大きさになったのは、陸上生物に比べて水中という環境とオキアミの栄養を十分に取ったことが大きく影響したようです。

クジラは地球上のあちこちの海域で見られます。科学者たちは北半球でも南半球でも個体数調査を続けています。クジラたちは食べ物を探して水温の低い海域を遠くまで移動します。また1年のうちでもっとも水温が下がるときは子どもをつれて暖かい海へ移動します。旅は南洋の海域から北極圏にかけての何千キロにもなるといいます。

何頭かのクジラは数年後に同じ海域に戻ってきますが、いつもそうとは限らないようです。船でクジラを追いかけるには限界がある、とシアーズ氏はいいます。調査員がたまたまその年に見かけなかっただけなのかもしれないし、ただ姿を現さなかっただけだったかもしれないからです。

世界自然保護基金（WWF）はシロナガスクジラを絶滅危惧種に指定しました。かつて危機にさらされた商業捕鯨の脅威は減りましたが、気候変動、海洋汚染、騒音、事故などまだ心配される多くの問題が残されています。一方、国際自然保護連合によれば、地球規模で考えるとクジラの個体数は増えているという報告もされています。

世界中には1万から1万8千頭のクジラがいるのではないかと考えられています。しかし専門家にとっても正確な数を把握するのは難しいことです。全般的にクジラは非常に長い距離を回遊し、またあれだけの巨体でありながら20分間息を止めて潜水することができるのです。クジラを操舵するわけにはいかず、そもそも追跡することは不可能に近いことです。人間にとって監視エリアは莫大な広さですが、クジラにと

っては庭のようなものでしかないのでしょう。しかし監視員が十分な近さでクジラを観察できたとしても、その生態のせいぜい5％ほどがわかる程度で、ドローンを飛ばしたりGPSタグをつけたりしても、その完全な姿を知るにはあと数十年はかかるだろうと予測されています。これから2〜3世代後になって、やっとクジラと人間たちが理解しあえる技術と環境が整うのではないかと考えられています。

　南アメリカ大陸の最南端、ティエラ・デル・フエゴにはセルクナムと呼ばれた人々が住んでいました。彼らは海でアザラシやトド、そして打ち上げられたクジラの肉や脂肪を食料にしていました。この海域は大西洋と太平洋を結ぶクジラの通り道になっているのです。彼らはイギリス人学者のダーウィンによって目撃されました。ダーウィンは、奇声をあげる彼らのことを「歓迎されているのか、威嚇されているのか、」と日記に綴っています。セルクナムの人々は自分たちをクジラの模様にペイントし、浜辺に打ち上げられた自然の恵みに感謝し、儀式を行うのを常としました。その数少ない資料は、この地を訪れたドイツ人宣教師マルティン・グシンデによって詳しく記述されています。しかしセルクナムの人々は、その後入植したスペイン人やイギリス人によってもたらされた病原菌と人狩りによって、1920年代までに根絶されてしまいました。
　グシンデ氏によって撮影された白黒写真のなかでは、セルクナムの人々が伝統模様のクジラの姿に体を塗り上げ、穏やかな顔つきでじっとこちらを見つめています。平和に生きていくことができなかった彼らの運命を振り返ると胸の詰まる思いがしますが、私たちにも同じような歴史が繰り返されないとは誰にもいえないはずです。

青い卵

　青い卵を産み出す鶏の存在は中世までには世界中に知られていました。はじめて文献に著されたのは、1519年にポルトガルの航海者で探検家のフェルディナンド・マゼランが南アメリカ西海岸のサンタルチアで青い卵を見つけ、この鶏について書いたものが最初とされています。

　以後、南アメリカに入ったスペインの征服者たちがアルゼンチンやブラジルで見た青い卵の鶏について記録しています。彼らはこの鶏を珍しがって本国に持ち帰り、闘鶏をさせ、また食用にもしました。ペルーでは「アラウカーナ」と呼んで、宗教的な目的で大事にしていましたが、やがて西洋人たちがくるようになると、貨幣や金と交換し、西洋人へ払う税金の代わりにも使われました。

　1526年、南米のスペイン軍に同行した自然学者のセバスチャン・コバットがこの鶏をヨーロッパに送ったという記録があります。その後18世紀までにイギリスやオランダで知られるようになり、海賊船が目をつけた収奪品になったという話もあるようです。1921年、オランダ・ハーグでの養鶏評議会に出品されると、この鶏に「ガルス・イナウリス」という学名がつけられました。そこに他の鶏にはない「アラウカーナ」の一風変わった特色が記載され、それには青緑の卵を産むこと、第二に尾がないこと、そしてイアー・タフスという耳形状の羽毛の突起（羽角）がないことなどがあげられました。

　「アラウカーナ」の卵が青い原因は、ビリベルジンIXとビリベルジン・ジンク・シェラーテという物質の青い色素によるもので、「アラウカーナ」の胆汁の中に含まれているため卵の殻を青くするのだそうです。卵の殻はふつう哺乳類の卵巣にあたる卵管近くの卵殻腺で作られ、そこを通る際にそれぞれの卵の殻の色が決まるのだそうです。ビリベルジンという物質はほかにも、打ち身の時にできる痣とも同じ色だということです。

　アメリカン・ロビン、日本語ではコマツグミ（学名 "Turdus migratorius"）という渡り鳥はトルコ石のように青い卵を産むことで知られています。移動範囲はアラスカ、カナダ、五大湖周辺、秋から冬になると北米から

メキシコへ南下し、グアテマラやバハマでも見られるといいます。アメリカでは各地でよく見られる鳥です。アメリカン・ロビンも青い卵を産むことで知られ、その青色はまるでトルコ石のように美しく、人々の目を魅了しました。

　ニューヨークに本店のある宝石商、ティファニーで使われているブランドカラーである淡いトルコブルーは、実はこのアメリカン・ロビンの卵の色を採用しています。1837年、ティファニー・アンド・ヤングはマンハッタンで文具とその他の高級品を扱う店を開き、1845年に配った商品カタログの表紙を、卵の色に程よく緑を加えた青い色で刷りました。これが現在も続くティファニーのブランド・カラーのはじまりだったそうです。1889年のパリ万博にティファニーが出店した際の青緑で彩られたパビリオン内の様子は、図版（リトグラフ）にも残されています。19世紀の末、欧米ではビクトリアン・スタイルの結婚指環としてトルコ石が流行し、この色の認知度があがりました。ティファニーの青はその後独特な色の配合から「ティファニー・ブルー」と呼ばれるようになり、1998年に会社の商標色として登録されました。つまり他の会社が同じ色を使うことは法律上できなくなったのです。創業年を印したこの青は「1837ブルー」と名づけられ、ダイヤモンドの指環を入れる箱の色や、買い物を済ませた客を待つ店の玄関のタクシーもこの色で統一されています。

　青い卵の産みの親であるアメリカン・ロビンは、上空からどんな気分で地上で走る卵（タクシー）を見下ろしているのでしょうか。

　バヌアツ共和国は南北およそ800 kmに広がる南太平洋の諸島です。83の島々があり、そのうち70の島に人が住んでいます。ちょうど真ん中にあるエファテ島から土器の破片が見つかったのは1960年代のことでした。その破片にはバヌアツではあまり見かけない模様が入っていました。

　見つかった土器の破片はより詳しい調査の必要があると判断され、当時ハワイのビショップ博物館に勤務していた篠遠喜彦研究員に連絡がいきました。さらに篠遠研究員から日本の大学に鑑定依頼が打診され、調査はその後数年にわたって行われました。そしてまとめられた報告書には、エファテ島の土器の破片のうち3つは、円筒下層式土器と呼ばれる日本の縄文土器であり、時代は初期縄文時代で約5000年前のものと調査結果が示されました。

　さらにこの結果に興味を抱いた岩石学の研究者らが、電子顕微鏡を使って破片を調べたところ、驚くべき結果が出たのです。それは土器の成分が日本の青森で出土する縄文土器と非常に近いものだということでした。また土器の文様も青森のものに近く、これらの土器は本州北部で作られたものだとの判定がなされました。

　いったいこれらの縄文土器の破片はどのようにエファテ島までやってきたのか。謎が生まれ、研究チームはいろいろな可能性について考えました。青森からエファテ島に太古の人々が渡ったのかどうか……? 実際に青森市からエファテ島までは約7000kmという膨大な距離があります。海図もなく地球の大きさもわからなかった人々がエファテ島を直接目的地にしたとは考えられません。また縄文土器は島の南西部の入り江に近いメレ村だけで見つかっていて、ほかの場所では見られないものでした。調査員たちは次の年メレ村を再訪しましたが、新たな破片は見つかりませんでした。

　検証レポートには、縄文土器の乗った舟が漂着した可能性を含む4つの補足が付け加えられました。そのうちふたつはこの付近で実際にあった漂流事故についての言及で、もうひとつは他の島にも似たような縄文式の土器片が見つかっていたこと、さらには縄文人がカヌーを使って日本からアメリカに渡っていたと主張する学者がいること、につ

いてでした。

　他方、夢を壊すような仮定も考えなくてはなりません。話題を作ろうと狙った縄文マニアがこっそりと置いていった、あるいはどういうわけか日本からの土砂が運搬されそのなかに破片が混入していた……。あらゆることが検討されましたが、どれも現実的にはありえないとの結論に至りました。

　実はエファテ島と同じような土器が以前ニューギニア島で報告されていました。1912年、大英博物館の研究員トーマス・アトール・ジョイスは「ニューギニアと日本の有史前土器についての手記」のなかで、北部パプア土器と日本の貝塚で見つかった土器の破片を比較して、そのふたつが非常によく似ていることを指摘していたのです。

　同様の指摘をした学者がアメリカにいました。スミソニアン研究所のベティー・メガースは、南米エクアドルの西海岸にあるバルディビアという海岸地方で見つかった土器の破片が、日本の縄文土器とそっくりだと報告したのです。放射性炭素-14を使った破片の測定で、バルディビアの土器の年代は紀元前3200年（誤差±150）を示しました。同時にメガースが調査し、また彼女のコレクションからピックアップした日本の縄文土器からはいまからおよそ5000年前という数字が得られました。両者は、ニューギニアの破片と同じ様によく似ていました。

　メガースは、縄文人の移動とバルディビアとの関係の仮説をさらに書き進めました。7300年前に起こったとされる九州鬼界島の巨大カルデラ噴火は、北海道に灰が降るほど日本列島全体に大きな被害をもたらし、人口が減少。その当時九州各地にあった窯元（かまもと）は壊滅的な状態に陥ったと考えられています。この噴火によって飛散した軽石は黒潮に乗って太平洋を渡り、カリフォルニア沿岸を南下しエクアドル沿岸にも到達したのではないかとメガースは推論しました。九州に住んでいた縄文人たちは移住を余儀なくされ、本州に移動したかあるいはそのまま外洋に出た可能性が考えられます。

　有史前の日本からのアメリカ大陸への漂流物のなかには、植物、病原菌、寄生体にその痕跡が見出されています。そのなかで顕著な例が、

ヒトT細胞白血病ウイルス（1型）HTLV-1です。このウイルスは男女間の性交、または母と乳児の間でのみ感染するものとされ、それ以外の感染経路はありません。またリコンビネーションと呼ばれるDNA分子間での交換により遺伝形質が変わる現象にもあてはまらないといわれています。しかし、日本人の一部にこのウイルスの保持者がいることが現在の調査ではわかっています。そしてこのウイルスを持った人々が、南米アンデス先住民のなかにもいたのです。特にチリで発見された104体のミイラのなかから採取されたHTLV-1は、植民地時代にアフリカの奴隷からもたらされたものとは違うものと判断され、これによってアンデス[★3]と日本との関係がより意識されるようになりました。そしてメガースはアメリカに渡った最初の人々についての当時の定説であったクロービス説[★4]に疑問を投げかけました。

　縄文人たちが実際に海を渡ったとなると、海流を考えなくてはなりません。黒潮があり、その後ベーリング海峡に沿って北太平洋海流があります。2011年の東日本大震災ではこの海流に乗って、多くの漂流物が対岸のカナダやアメリカに流れ着いています。

　誰が最初にアメリカにやってきたのかを議論するクロービス説はいまだに続けられています。また4200年前のカリフォルニア、チャネル諸島で発掘された人骨のゲノム（遺伝子）と、現存するアンデス地方の人々のゲノムがリンクし、このふたつの離れた地域の共通性が最近注目されましたが、人々の移動の方向の違いは見方によって分かれました。南洋土器を含め、物や人々の移動の方向や手段については、つねに議論の沸くところです。

1　東北大学　芹沢長介教授

2　1993年シュトラー・ディケンソン博士の調査

3　アンデス　アンデス地方。ケチュア族と彼らの祖先の住んだペルー、ボリビアの標高2000m以上のアンデス山脈高地一帯。その文明

4　クロービス説　最初のアメリカ人が誰であったのか（ファースト・アメリカン）を特定するのに長い間用いられているもの。1930年代にアメリカ、ニューメキシコ州クロービスでマイケル・ウォータースの見つけた矢じりがきっかけになったといわれている

大凧祭り

　毎年11月1日、聖者の日に開かれるグアテマラの大凧祭りには地元サンパンゴの人たちが作った色とりどりの大きな凧が広場に集まってきます。この凧祭りは「バリレテス・ギガンテス」と呼ばれ、死んだ先祖や故人を思い、彼らの魂を慰め、地上で暮らす人々を死者が見守り、豊かな恵みがもたらされるよう願いをかけるものです。この日に凧がうまく飛ばないと死者の魂は悲しみ、人々に病気や災難をもたらすものと考えられました。聖者の日には死者が帰ってくると信じられ、その帰りを迎えるマリーゴールドの花束が家の窓や扉に飾られ、霊が迷わないように目印にします。凧あげの伝統は古く、いまから3000年以上続いているといわれています。凧の大きさは直径6mから25m前後もあるもので、会場は100基以上の凧で溢れかえります。朝早くから見物人や凧をあげる人々で埋め尽くされ、一山村の大イベントと化します。

　凧のデザインはどれも個性的で、ひとつとして同じものはありません。死んだおじさん、おばあさんの肖像を描いた凧、エキゾチックな蝶や鳥の凧、勇壮な竜の凧など、作り手によって工夫が凝らされています。凧の骨組には竹竿などが使われ、上に紙やビニールを張り、思い思いに絵を描き色紙を貼って凧を飾り立てます。設計から制作、輸送、陳列、撤去までの一貫した作業は、グループ一丸となった団体競技ともいえます。学生たちは体育館で製作に励み、祭りの日を目指して数ヶ月前から準備を進めます。昔は村の未婚の若者が朝早く起きて、野山を越えて骨組の竹集めに出かけて行き、その後40日ほどかけて、村人たちは凧作りと祭りの準備をしたといいます。凧作りに使う糊はユッカの花とレモンの皮に水を混ぜ、リュウゼツランで編んだロープを付けて、凧の尾には織った布を付けたということです。

　人々の手によって空へあげられるのは、実際には直径4〜5mの中型の青を基調とした凧が中心です。参加グループは学生から地域の仲間、家族などの幅広い集まりです。死者の魂を慰めることから、凧あげはかつて村の墓地で行われてきました。そのため、サンパンゴの墓地には正装した人々が切れ目なく訪れ、墓の周りを掃除して盛土の上に芝やマリーゴールドの花を添えていきます。そして故人を偲びながら凧を揚げ、家族水入らずの1日がゆっくりと過ぎていくのです。

伝統航法とポウの儀式

　風を読む、雲を見る、星を数える。青い海と空に囲まれた太平洋の真ん中で方位を見定め、うねりを見誤ることなく、目的の島へ船とこぎ手を導く役目を負った人がいました。ミクロネシア・サタワル島のマウ・ピアイルック氏は海図もなく、磁石も羅針盤もラジオも持たず、自然界のあらゆる要素を取り入れ、それらを科学に作り変えたウェリエング航法の第一人者として世界中に知られています。彼は小さい時から、この知識を受け継いだ祖父とともに海と空に親しみ、星を覚え、次第にその能力を身に着けたといいます。そのすべてはなかなか人に教えられるものではないともいいます。

　ウェリエング航法はサタワル島に昔から続く伝統航法で、32の方位、150の星、7種類の波のうねり、風の向き、低い雲と高い雲の動きなど、それらを統合した仕組みといわれています。この知識をペンもノートも持たずに目的地まで安全に、しかも落ち着いた判断で舵取りを行うには、強靭な体力と精神力が求められ、このすべてを修得するには7～8年間かかるといわれています。修得者はパルと呼ばれ、人々から尊敬を受けます。

　パルになるためには、まずポウと呼ばれる儀式を通過しなくてはなりません。ポウの儀式は意欲のある男女が受けることができます。ピアイルックは1951年、彼が18才の時儀式に合格しパルとなりました。儀式には4日間が費やされ、その間生徒はワカ（カヌー）の家に入り、異性との接触を禁止され、パルになるための知識とその心構え、そしていくつかの秘密を教わります。4日間の教育が終わると、ワカの家を出て、島民こぞって歌と踊りで祝い、豪華な料理が振舞われます。

（歌・女性コーラス）

「魔法を、魔法を、若いココナツの葉のブレスレットの持つ魔法を、ケネス・ウルモラグの腕に、木鉢の霊よ！」

（ピアイルック祈祷）

「若いココナツの葉のブレスレットは強い。木鉢の霊のブレスレットをこの男、ケネス・ウルモラグに。そして空に上り、地上に帰れ。若いココナツの葉のブレスレットは強い。ウェリエング、空に上り、地上に帰れ！」

ココナツのブレスレットの卒業証書を腕に巻いてもらい、生徒の家族はトゥールという青い織物をマスターパルに捧げます。儀式が終わると生徒たちはパルとして初航海に出られるのです。もし無事に帰れるようであれば、さらに遠くへの航海が認められます。経験を積み自信を付けて怖れ（メサグ）を克服すれば一人前のパルです。

ピアイルックには16人の子どもたちがいましたが誰もパルになろうとしませんでした。第二次世界大戦後、アメリカのカトリック教会がポウの儀式を50年間にわたって禁止し、儀式が長い間途絶え、次の世代と溝ができたことが大きな原因です。

1976年、ハワイで完成したポリネシアン・カヌー「ホクレア号」はハワイ～タヒチ間の処女航海に出ました。ホクレア号は、かつてポリネシアの海域を疾走した伝統的ダブルカヌーを復元した船で、その記念的航海をハワイ～タヒチ間で行うという大きなプロジェクトでした。計画には伝統航法の復活が盛り込まれ、当時41才だったピアイルックが航海士として抜擢されたのです。

ピアイルックはこの時何人かの人たちに会いました。海洋冒険家のナイノア・トンプソンは当時まだホノルル大学の学生で伝統航法と天文学に興味を持っていました。ニュージーランドの冒険家で作家のデビッド・ルイスも、ポリネシアの島々で伝統航海の研究をしていました。ふたりともこの機会に、ピアイルックの技術を間近に見たいと思っていたのです。波風を受けながらふたりの質問を受けるピアイルックの姿が記録映像に残されています。ホクレア号は順調に航路を進み、出港してから32日目に無事タヒチ港に入港しました。ハワイ～タヒチ間の伝統航法による4000kmの航海が、数世紀ぶりに復活した瞬間でした。

ウェリエング航法にはパルに次ぐ階級があります。それはレブと呼ばれる師、グランドマスターです。レブはパルよりもさらに磨かれた知識と経験を持ち、ひとつの島にひとりしかおらず、そしてその腕には、航海上の星の位置を示す特別な刺青が与えられます。

マスター・レブになるには、さらに踏まなくてはならない特別なステップがあるといいます。それは先の長老のレブが死に、それによって受け

継がれるものです。ピアイルックのそれは自分の祖父でした。レブだった祖父が死んだことで、彼は島の人々の暮らしと祖先の魂、伝統をひとりで継がなくてはならなくなったのです。

ピアイルックは再びパルの将来について悩みます。本心はサタワル島の若者にウェリエング航法を継いでもらいたいと考えていました。しかし現実では、ホクレア号で出会った人々のほうが、はるかにピアイルックの存在とウェリエング航法の重要性に気づいていたのです。ピアイルックはトンプソンらの熱意に折れ、ハワイに戻り彼らの目指した航法の完成に手を貸すことにしました。トンプソンらはピアイルックから習得したことをもとにスター・ナビゲーターの学校を作り、やがて世界中から人々がこの航法を習いにくるまでになりました。人々はピアイルックに賞賛の敬意をこめて「マウ」、勇気ある者と呼ぶようになりました。

マーシャル諸島には女性のパルがいて、彼女は自分の息子に技術を教えたという話があります。ほかにも1920〜1940年の間、カヌーの船長をしていた女性がいたそうです。パルはほとんどが男たちですが、父親がパルであった娘たちは、自然と多くのことを学んでいたといいます。また彼女らは織物ができるため、カヌーの帆を直せるだけでなく、ポウの儀式に欠かせないトゥールを織ることができます。トゥールは貴重なもので、お金の代わりにカヌーを買うこともできたそうです。

風の神ラータの子

サタワル島から東へおよそ3000km。ソロモン諸島のダフ群島にタマコという島があります。クルソエ・カベイアという名の男は、そこでラータ（風の神）の子として生まれました。彼は子どものころから海とカヌーに親しみ、多くの島を廻ってきました。彼の乗るのはテプケと呼ばれるアウトリガー、突き出した梁でバランスをとる伝統的なカヌーです。

1993年、ニュージーランドの研究者グループは、石器時代からの航法で航海をするというカベイアの存在を偶然知ることになりました。カベイアは高齢のため視力を失いつつありましたが、太陽や月の光を頼りに、長年身についた感覚で船を出していました。彼は伝統航法を若い世代に伝えることに熱心だったので、彼の持つその技術を聞きつけた人々と多くの航海をともにしていました。

カベイアは1913年ごろタマコ島に生まれたといいます。しかし6才の時に疫病が蔓延し、2000人の島民が亡くなり、最終的に生き残ったのは35人だけだったそうです。9才のころ、彼の父はカベイアを船乗りにさせようと100km離れたピレニ島に彼をやりました。カベイアはそこでカヌーの基本を覚え、やがて大きくなると定期カヌーの船長になり、それを17年間続けました。しかしイギリスの統制が強くなると、島民のカヌーが没収されるようになりました。[*1] 船の数が少なくなったため船乗りも減ってしまい、ついには島の人々が通貨にしていたレッド・フェザー・マネー（赤い羽根のお金）も使えなくなり、生活が困窮します。

そんななか、カベイアはカヌーを没収されたままの島を見て、1日も早く島民の生活を立て直す決意をし、父に教わってカヌー作りをはじめました。そしてサンタ・クルス諸島からポート・ビラまでの約700kmを結ぶ定期カヌーの船長を務めたのです。彼は木材や海産物を運び、やがて戦争が終わるころにはヨーロッパ人やオーストラリア人が彼のうわさを聞いて島にくるようになりました。そして小さなダフ群島の人々は、カベイアの仕事ぶりを見て彼を代表酋長に推し、その後40年以上にわたってカベイアはその役を背負って島の人々の生活を守りました。[*2]

1 ブラック・バーディング。奴隷政策
2 カベイアには14人の子どもがおり、そのうち13人は養子だった

海
の
稲
光

　カベイアが暮したタマコ島の伝統航法はテ・ノホアンガ・テ・マタン
ギ[*1]と呼ばれ、「風の位置」を意味します。方角を32位に分け、北にあた
るテ・アルンガ（枕）は残り31の方位の「頭」とされています。たとえば
6月初旬のおだやかな貿易風の吹いてくる方向をテ・アルンガと呼び、
この時期の航路の基準に据えます。正確な北よりややずれていますが、
このころには交易のシーズンが本格的にはじまるのです。伝統航法を
身につけた者は、現代の機器、たとえば羅針盤やGPSを失くしてもその
リスクを自らの技術でリカバーできるといわれています。

　航海中に人々は、あるひとつの現象と出くわすといいます。それは決
して伝統航法の一部として確立されたものではなく、説明のつきにくい
ものですが、いままでに数多くの船乗りたちが目撃し、またカベイア自身
も何度も目撃しているという「青白い光」のことです。

　これは「テ・ラーパ」と呼ばれる現象で、海上に、あるいは海面下に
稲光のような筋が一瞬現れては消え、そしてその光の指した方向に進
むと、なぜか目的の島が現れるといわれるものです。「ラーパ」というの
はポリネシアの言葉で「フラッシュ」、「稲光」を意味します。ニクナウ島
やトンガでは「海の栄光」（テ・マータ）や「前方を光で燃やす」（テ・ター
パ）ともいうそうです。

　一部の学者たちは、テ・ラーパは光を反射した漣（さざなみ）のような
ものかもしれないと疑いました。しかしテ・ラーパの特徴は目的とする
島のほうから光がやってくる、といわれていることから、陸地に光源が
あったのではないかとも考えられました。テ・ラーパを目撃した人達は
こういいます。「海面か、その少し下で筋のように瞬間的に光る。稲光
にもよく似ていた。なにかの光の反射が海面から1〜2m下あたりのと
ころで起きたようだった」、「テ・ラーパは海面下でダイナミックに、しか
も一瞬光る。これは普通考えられる燐光するなにかとは明らかに違う
……」。

　学者のハロルド・ガッティーは「夜、光がだんだん増してきて、これ
は海中の有機物が、船がそろそろ岩礁や沿岸に近くなってきたと警告
を発しているようだった」と記述しました。カベイアは「これは海中では
なく海の上を雷のように走る」と表現しました。タマコ島の人々は「それ

は光の反射でもなく、光る生き物のようでもない。光は船に向かって島から真っ直ぐやってくる」といいます。ナビゲーターの男は「深いところの光が島のある方向を教えてくれた」といい、もうひとりは「穏やかで雲ひとつない海で、太陽はほぼ真上にあり、海の上には太陽を反射する長い光の線と、もうひとつ短い線が見えると、それが行く先の島をさしていた」と昼間にも明るく見えたと証言しています。

　カベイアによると、テ・ラーパは「光は行こうとする島の方角からやってくる。しかしどこからやってくるか注意していないといけない」、「一晩たっても見えないこともある。正しい位置にいれば、正しい方角からやってくる。だからあるところで見えなくても、別のところで見えることもある」とのことです。また「多くの人は諦めて、注意をそらすので見落とすことが多い」とも話しています。

　これらを判断すると、青白い光は目的の島からおよそ130〜160kmの海上で、そして沖の16〜32kmのところ、さらに環礁のような浅瀬に近づいている時に見られるものとしておおむね3種類あることがわかってきました。

　研究者らが辿り着いた仮説は、この青白い光はなにかしら電気と関係のある現象ではないかというものでした。それはカヌーが出発した島と目的地のふたつの島の間にプラズマが走るのではないかというものです。波はそれぞれの島にぶつかった後、島の左右に分かれて広がっていきます。この広がった波が島東西の沖合いで互いにぶつかると、ふたつの島にメガネのレンズのような楕円形ができあがります。このような状態下で島に蓄えられた静電気に圧力がかかった瞬間、プラズマが一方からもう一方の島に走るのではないかと考えたのです。海の水は電気を通すため、静電気は海面、または海面の下を通っていくことが考えられます。そして二島間を航行するカヌーが、そのプラズマが走る瞬間を青白い光として目撃するのではないかという仮説を立てました。

　光の変化やその点滅の種類は、その時の天候や状況によって変わりうると考えられます。しかしあくまでも仮説であり、謎はいまだに明か

されてはいません。この謎にじっくりと取り組む研究者や現代の伝統ナビゲーターを目指す若者達が現れれば、新たな海の魅力が加わるのではないでしょうか。

　タマコ島のテ・ノホアンガ・テ・マタンギは石器時代からあったといわれています。その技術は、さまざまな自然現象をもとに蓄積され発達した知識でした。テ・ラーパの青い稲光も経験則として役立っています。太平洋の文化圏は古くから、膨大な地域に散らばる人々の多様な暮らしとともにありました。網の目のようにつながっていただろうその人たちの往来が、西欧による植民地化で途切れてしまい、いつのまにか全貌がわかりづらくなってしまいました。しかしこのテ・ラーパのような研究をわたしたちが一つひとつ知ることで、かつて自由に海上を行き来したであろう彼らの姿をより鮮やかに脳裏によみがえらせることができるのです。

　人々は太古から太平洋に吹く風、そして青い空と青い海の真ん中で、感性を研ぎ澄まし、波を感じ、風を読み、雲を見つめ、星を数えながら大海の真ん中でカヌーを走らせていたのでしょう。

1　Te Nohoagna Te Matangi; Teは英語のtheのような冠詞。nohoは席／椅子、または命、ライフ。広義で位置／場所を指す。angaは英のingと同じ。matangiは風

海洋モニタリング調査というのは、広大な水域に棲息する生物の在来種、外来種の数を比較調査するものですが、大変労力のいる仕事で、調査にはある程度の限界があるといわれてきました。その後、調査能力を補うかたちで環境DNA＝eDNAという調査方法が使われはじめ、外来種や絶滅危惧種を効果的に補足できるということから注目を集めています。調査には汚染の少ない水域が選ばれ、隣接する河川、湿地帯も含めてどのような魚類が棲息しているのかの調査を行います。

環境DNAというのは1980年代から90年代にかけて誕生したもので、もとはある生物のDNAを解析し、海に溜まった堆積物のなかの微生物やプランクトンを調べることが主でした。現在の環境DNAでは、原生生物、細菌などを含んだ真核生物といったものまで調べることで、そこにどんな遺伝情報が残されていて、それがなんであるのかを突きとめることができます。こうして調べられたデータは、将来のいわゆるDNAバーコード図書館（BOLD/Barcode of Life Data System）を構築する上で重要な基礎資料になるといわれています。

メキシコのユカタン半島の北端に位置するバカラル湖はアメリカ大陸の最も大きな生物多様圏であり、世界最大の生ストロマトライトの発生源でもあります。バカラル湖には大変透明度の高い水が流れ込んできます。これは広大なユカタン半島の地下水が石灰質の地層を通って長い時間をかけて湧き出てくるためで、その水質によりシアノバクテリアと呼ばれる細菌の活発な繁殖を促し、驚くような青色を発生させるのです。シアノバクテリアは光合成によって酸素を生み出す酸素発生型光合成を行い、およそ27億年前に誕生し、地球上に酸素を供給しはじめた最初の物質と考えられています。シアノバクテリアには単細胞で浮遊するもの、細胞の集団を作るもの、糸状に細胞が並んだ構造を持つものなどがあり、これらをまとめて原核生物とし、慣用上「藻」と呼んでいます。ユカタン半島のカルスト石灰岩地層による世界最大の地下水浄化システムが、この青色を生み出すのに大きな貢献をしているのです。

バカラル湖の北部は複雑な地形をした環礁地帯です。一方南部はチェトマル湾にそそぐオンド川の湿地帯を経由して海に流れ出してい

ます。近年、オンド川の水が生活排水や肥料・農薬の流出によって汚染されていることが問題になっています。また、外来種のティラピアやアマゾンセルフィンキャットフィッシュらが確認されるようになりました。アマゾンセルフィンキャットフィッシュは在来種にとっては大きな脅威であり、穴を掘る習性があるためストロマトライトにも影響を及ぼすことが懸念されています。水質のさらなる悪化にもつながりかねない外来種と在来種との生態バランスを調査することは、湖の環境保護にとって大変重要なことなのです。

　バカラル湖とその周辺の水域で採取されたDNAサンプルは冷凍状態にしてカナダの生物多様性ゲノムセンターに送られ、メキシコ調査チームとの共同解析が行われました。調査の結果、バカラル湖では75種類の脊椎動物のDNAが検知されました（魚類47、鳥類15、哺乳類7、爬虫類5、および両生類）。ほとんどが在来種でしたが、新たに6種類の魚が確認され、さらに2種類（ヴィエジャフェネストラータとシプリノドン・ブラックフィンパップフィッシュ）の外来種が見つかっています。堆積層からは鳥類2種、哺乳類2種、さらに爬虫類1種のDNAが見つかりました。バカラル湖の高い生物多様性が再確認され、懸念されたアマゾンセルフィンキャットフィッシュのDNAは幸いにも検知されなかったということです。ユカタン半島の美しい湧水システムを守るためにも、こうした調査手法とバイオモニタリングシステムを使いながら、この美しい風景が変わらないよう研究者たちの調査がいまでも続けられています。

1　DNAバーコード図書館　生物の多様性（評価）をより迅速にわかりやすく分類するツール
2　生ストロマトライト　光合成を行うシアノバクテリアが分泌した石灰質の堆積によって現在でも作られている石灰層

　ユカタン半島の東部に位置する中米ベリーズの沖合いに、幅300ｍ、深さおよそ125ｍの巨大なバリアリーフの穴、グレート・ブルー・ホールがあります。この海中の巨大な穴は第4氷河期にできたもので、その間海抜の変化が少なくとも数回起きたことが、ブルー・ホール内の鍾乳石の変化からわかっています。氷河期になると海面が低くなり、数千年から数万年の間は水のない洞穴状態だったと見られています。そして氷河期が終わると氷が溶け海面が上昇し、海水が流れ込むことで石灰岩質の地層がいまのような形を作ったと考えられています。2018年にはヴァージン・グループの創立者リチャード・ブランソンを含む調査チームの潜水艇2台が入り、音波スキャナーによる詳細な3D海底地図が作られたということです。

　グレート・ブルー・ホールの環礁堆積物のサンプル調査とともに、1200年間の長期にわたる天候の変化が分析されました。その結果、マヤ文明と天候に関する新しい説が発表されました。アメリカのルイジアナ州立大学とライス大学のふたつの大学の研究者らが共同で行ったグレート・ブルー・ホールの調査では、主にマヤ文明の衰退した紀元800年から1000年にかけての地層の分析に焦点があてられ、1945年から1996年の間に発生した暴風雨のコースを重ねあわせ、これがどれほどの影響を岩石層などに及ぼしたのかを調べてみると、マヤ文明の衰退した200年間ではチタンの含有量が少ないことがわかりました。つまりその他の百年紀に比べて熱帯低気圧の発生が少なかったことがわかったのです。

　マヤ文明の衰退は、旱魃によるものと以前からいわれていましたが、暴風雨の通り道はマヤの都市であった古代都市ティカル、つまり現在のグレート・ブルー・ホールの位置と重なっていました。ティカルは紀元前300年から900年までの間に栄えましたが、以降は途絶しました。

　マヤ人が暮らしていたユカタン半島は水源に乏しかったため、雨や湧水が溜まった泉のセノーテや、チュルトゥンと呼ばれる人工の貯水槽に頼らざるを得ませんでした。そのため暴風雨の通り道に都市を建てることは、都市計画のなかに当初から織り込まれていたと考えられます。

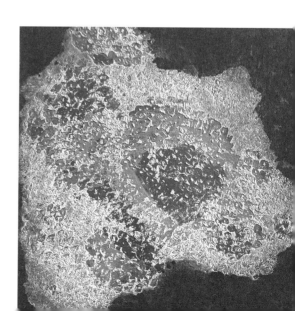

儀式
Ritual

セノーテの泉

「青とは徳であり、純潔であり、信仰であり、

言い代えれば、それは天である」

―――――エドワード・トンプソン

　いまからおよそ6604万年前、メキシコのユカタン半島北部に超巨大隕石が衝突しました。1978年にメキシコ国営石油会社で働いていたグレン・ペンフィールドとアントニオ・カラマーゴは、新しい油田の発掘調査のため、ユカタン半島北縁のチクシュルーブ村を調査していました。ふたりはある日、この地域一帯に大きな弧をした地形が広がっていることに気づきました。そこには半径およそ70kmという極めて大きな環が地下深くにあることを示していたのです。さっそく報告書が作成され会社に送られましたが、ペネックス社はこれを無視しました。実はペネックス社はそれより10年前にすでにこの弧の存在を把握していたのです。会社はこの事実に関与することに積極的ではありませんでした。アントニオ・カラマーゴは会社を辞め、イギリスのサイエンス誌に調査書を送りました。

　再調査が行われ、10年前の弧とふたりが見つけた弧の中心は、チクシュルーブ村で重なっていることが判明しました。弧から導き出される円の大きさは、直径170kmにもなったのです。専門家らが地磁気異常、重力異常など多方向にわたって調査を行い、いずれもきれいな円の形が示されました。

　この隕石の衝突跡はいままでに知られていた地球上のクレーターの中でも3番目に大きなものでした。衝突の威力はヒロシマ型原爆の約5億1000万倍に匹敵し、2分以内にヒマラヤ山地よりも高いクレーターが隆起、大気はことごとく灰と二酸化炭素のガスで充満し、恐竜をはじめ全生物の約75％が死滅したと考えられています。

　衝突中心部の地層では、地殻が波のようにせりあがり、深さ600〜1000mのクレーターが形成され、時間の経過とともに岩石層が冷えて縁が固まりました。その後は層が崩落、陥没し、雨水や地下水が溜まり、やがてユカタン半島に特有のセノーテと呼ばれる泉が作られていったのです。このため現在も半島に数多く点在するセノーテは、巨大隕

石の落下したチクシュルーブ村を中心にして点在しています。

　また衝突によって引き起こされた高熱は、地表のガラス成分を結晶化させ、特異な結晶石（ショックド・クォーツ）を生み出しました。こうした結晶石は古代文明の興りとともに人々によって発見され、貴重な石として王や貴族の手に渡り珍重されたと考えられます。

　アメリカ人である発掘家エドワード・トンプソンは、1904年から1910年までチチェン・イッツァのセノーテの調査を行い、浚渫機（しゅんせつき）を使って金の円盤、ヒスイのペンダントやブローチ、コーパル（樹脂製の黄色い香）と鉢、金細工、つぼのかけら、人骨、刀剣などをすくい上げました。このときの様子は彼の著書『People of the Serpent-Life and Adventure Amo-ng the Mayas』（蛇の人々─マヤの人々の生活と冒険）に詳しく書かれています。調査のなかでトンプソンは自らギリシャ人ダイバーとともに泉に潜り、内部を目視で観察しました。潜水調査では水面に浮かばせた筏から空気を送り、重厚な潜水服とヘルメットを身に付けて行われました。彼らが降りたところは泥と堆積物で覆われた泉の底で、トンプソンはそれを「肥沃のゾーン」と呼び、およそ60m弱の楕円形をした底のなかで大きな岩や5mくらいある構造物を見つけています。偶然そのひとつが音もなくゆっくりと泥を巻き上げて倒れてきたので、あやうく雨の神チャークのいけにえがふたり分増えるところだったと述懐しています。「肥沃のゾーン」の端には「沈鬱のゾーン」があり、そこはさらに深く、「まるで化け物か大蛇が潜んでいそうだ」などとひやっとした内心を吐露する場面が書かれています。

　かつてセノーテでは、雨季が近づく前に雨乞いの儀式が行われていました。香を焚いてその鉢とともにいけにえを泉のなかに投げ落としたといわれています。いけにえは全身をマヤブルーで青く塗られ、ヒスイの首飾りやイヤリング、神の像を彫ったペンダントの装飾品を身に付け、心臓を切り抜かれ、雨神チャークに奉じられました。心臓だけが投げ込まれたこともあったそうです。雨は農業を基盤とする人々の生活に直結する重要な関心事であり、儀式はその社会を支える法でした。アメリカ、イリノイ州にあるウィートン・カレッジ考古学部のディーン・アーノルド教授はこういいます。「マヤにとって青は重要な色だった。それは聖職者にとっても、儀式にとっても」

　スペイン人によってマヤが征服された後も、セノーテは儀式に使われていたという記録があります。1579年、スペイン国王に向けて記されたバリャドリッド郡の統治者ドン・ディエゴ・サルミエント・デ・フィゲロアによる手紙にはこのように書かれています。

　「およそ60日間の節制の後、チチェン・イッツァの領主らは1年の運勢を占うために、召使の女たちをセノーテに投げ込んだ。陽が高くなったころに縄が下ろされ、女たちは瀕死の様子で上がってきた。火と香が焚かれ、やがて女たちの意識が戻ると泉の下の様子を話しはじめた。そこには男たちと女たちがいて、彼女たちを受け止めたという。ところがその後殴りかかってきて頭をひどく叩かれ、その勢いで泉の底に落ちそうになった。しかし女たちは彼らに、領主たちの待ち受ける次の1年がいい年になるか悪い年になるかを聞かなくてはならなかった」

　泉に投げ込まれた人々のなかには、こうして泉の断崖の隅で生き残った者がいたのでした。さらに驚くべきことに彼らは神に近しい存在として、呪術者としての役割を儀式のなかで担わされていたのでした。

　トンプソンは最終的にセノーテの底で127体の人骨を発見しました。彼は潜水した時にヒスイのブローチを首に巻いた女性の骨を見つけています。発見された装飾品は、なぜか破損された状態のものが多く、あるときトンプソンはその疑問について自らこう答えています。「この理由を考えてみると、壊されたというよりは殺されたといったほうが信じられる。この古代の文明人やアジア人やモンゴルの人々は、ヒスイや聖な

るものには命があると信じていた。つまりこれらの装飾品は絶対神フナ
ブクが最後に現れる時、最もふさわしい着飾り方として壊された、ある
いは"殺された"のに違いない」

　いけにえに塗られたとされるマヤブルーは非常に耐久性のある堅牢
な青です。3世紀ごろに作られたとされ、9世紀に描かれたカカシュトラ
やボナンパックの壁画にもふんだんに使われています。特筆すべきこと
は、いまでもその鮮やかな青を発していることです。

　この顔料の製法についてスペインとアメリカの研究者らが調査を進
めました。マヤブルーはパリゴルスカイトというマグネシウムとシリカを
成分とする粘土性鉱物、それにインディゴを加え熱して作られたものと
わかっています。ですが、インディゴだけでは鮮やかなマヤブルーには
なりません。スペインの研究チームはその隠された成分として脱水素イ
ンディゴをあげました。マヤブルーを作る際に熱したインディゴが酸化
されるというのです。インディゴは青で、脱水素インディゴは黄色である
ため、両方の顔料の割合にしたがって、多少緑がかったマヤブルー
ができたと見ています。

　一方アメリカの研究者たちは、香に使った樹脂がマヤブルーの第三
の調合剤だったのではないかと新しい説を発表しました。彼らは発掘
された陶製の鉢に付着した顔料を調べ、その結果、鉢に残っていたコ
ーパル（香）が一緒に加熱されると、インディゴとパリゴルスカイトの結
合が促進され、マヤブルーが生成されたとしています。またチチェン・
イッツァのセノーテの底にはおよそ4mにもなる青い沈殿物の層があっ
たといわれています。

　セノーテに潜った際のトンプソンの著書に、沈殿物の層については
書かれていませんが、マヤブルーの堆積物かそれに似た層があった
とすると、それはいけにえの体に塗られていたものだけだったのでしょ
うか。また研究者が着目したのは、セノーテの底で発見された127体の
人骨を上回る、160個の香の鉢でした。これらがマヤブルーが実際ど
のように作られたのかを解く鍵となったのです。

　マヤブルーの成分に欠かせないとされるパリゴルスカイトの鉱脈が、
実はセノーテの泉の底にあったと考えられています。一例として、セノ

ーテから西にあるサカルムの町では、パリゴルスカイトが多く産出し、その特徴である「白い土（サカルム；sak lu'um／white earth）」から地名を取ってサカルムの町の由来にもなっています。20世紀後半まで、パリゴルスカイトは医薬品の原料として採掘が続けられていました。この町も巨大隕石のクレーターの輪の上にあります。

　マヤブルーの調合には0.5から2％のインディゴブルーが必要とされ、パリゴルスカイトとともに約150℃以下という低温のなかで生成されることがわかっています。コーパルが第三の成分であったとすると、セノーテの底でマヤブルーは生成できたと考えられるのです。つまりセノーテはマヤブルーを作るつぼの役割をしていたことになります。4mにもなるマヤブルーの層とは、別の言葉でいえばマヤブルーの「床」であり、この床を維持、あるいは増やすために、いけにえを泉の底に定期的に落としていたと考えられるのです。いけにえの体に塗ったマヤブルーは底に積もるパリゴルスカイトと、水中で燻るコーパルの熱で、さらなるブルーを生成させました。アメリカ、イリノイ州ウィートン・カレッジ社会考古学科のディーン・アーノルド名誉教授とシカゴ・フィールド自然史博物館考古学部のスタッフらの共同調査によれば、いけにえの儀式はマヤブルーを増殖させるための工程の一部だったというのです。底にたまったマヤブルーはくみ上げられ、壁画や焼き物に使われ、再び顔料を増やすためには定期的に、いけにえを投げ込む必要があったということです。

ぼろきれ

　1977年、風変わりな動物の骨を見つけたひとりの学生が、バルディビアの大学で教える若い考古学者にそれを見せたことから、以後40年間にわたって発見場所のチリ南部、モンテ・ベルデで発掘調査が続けられることになりました。泥炭のなかからは、小屋の基礎、木工品、石器、マストドンの肉の塊、噛み砕かれたジャガイモなどが見つかりました。1982年に発見された骨と木炭の年代はいまより1万4800年前を示し、南米で最も古いヒトの痕跡が認められたばかりか、それはアメリカ大陸全体での最も早いヒトの出現ともなったのです。2007年までにヴァンダービルト大学のトム・ディーレイ教授が率いる調査隊が発掘した数々の出土品から、このモンテ・ベルデには少なくとも1万9000年前ころから人が居住していたと見られるようになりましたが、この発見は長きにわたって考古学会から疑問視され続けました。なぜなら、その時代にヒトは南米に存在しないはずだったからです。

　ディーレイはペルー沿海部で新たな発掘調査プロジェクトに着手しました。場所は北部チカマバレーのワカ・プリエタ。ここは人工の山といくつかの小さな丘からなる遺跡があり、すでに1946年アメリカ自然史博物館の南米考古学のユニアス・バード学芸員が調査に入り、およそ7500年前の茅のかごや、綿で作った魚網、ひょうたんをくくりつけた漁具を見つけ、当時の人々の高い技術力を示しました。

　ワカ・プリエタは海の近くにあり、太平洋に向かう細いなだらかな丘稜を呈しています。人々は年月をかけて土や岩で盛り土をしてこの丘を大きくさせてきました。人々はこの丘をワカと呼び、神殿を頂上に建てて儀式を行ったと考えられています。ワカと神殿に見守られるようにして人々は海に出て漁をし、トウモロコシやカボチャを植えて暮らしていたのです。ワカ全体の長さは138m、高さは38mあまりあります。

　ワカに使われた盛り土は、砂、丸石、貝殻、珊瑚などでできていました。坂道を造成した部分の表面からおよそ10mの深さまで調べてみると、この層のなかから貝、木炭、陶器、人骨、髪の毛、魚の骨、ギニア・ピッグの骨、鳥の羽、ひょうたん、豆、葦、ウニ、木綿、木の根などが出土しました。地層の年代は深いところでおよそ8000年前と見られ、このころにワカの造成がはじめられたと見られています。またふもとの地表

近くでは1万5182〜1万5155年前の木炭、1万5217年前の豆が見つかり、人々の生活の曙がこのころにあったと考えられました。

　調査中には地層のあちこちからよれた繊維が見つかりました。発掘された時、この繊維は灰とすすにまみれていて、まるでぼろきれのようでした。さらに調べを進めると、それが綿で織られた布で、青い色をしているということがわかりました。この布を解析した研究員は、「実際ぼろきれは修復士に洗浄されるまで青とは思えなかった。結果的にさまざまな種類の植物が使われて染められたものと判明したものの、最初のテストではなんの結果も出なかった」と振り返ります。

　その後、繊維のサンプルはイギリスの大学に送られ、詳細な解析が進められました。すると、意外な事実が判明しました。8つのサンプルのうち5つから、インディゴブルーの根拠を示すインディゴティンの反応が認められたのです。そしてこのぼろきれの年代は、上下にはさまれた地層の年代からいまからおよそ6200〜6000年前のものと判断されました。

　この数字は誰もが想像をしていませんでした。それまで最も古いとされていた藍染（インディゴ）は、エジプトの4400年前第5王朝のものが知られ、次いで中国新疆ウイグルの3000年前のもの。そしてこのぼろきれは最古といわれたエジプトのものより、さらに1500年以上前に存在したことになります。藍染という高度な技術がすでに南アメリカの地にあったということは、考古学者や歴史学者たちの度肝を抜きました。

1　ゴンフォテリウム　石器時代まで南アメリカにいた象に似た鼻と下あごの長い動物。モンテ・ベルデから13000年前の骨

藍染は世界中に存在する染色方法です。しかし、地域によって異なるさまざまな植物が使われ、染術は必ずしも同じわけではありません。またインディゴ染は植物を使いますが、発酵もさせなければいけません。

まずは使う植物を水のなかで踏んだりもんだりしてあわ立たせます。[★1] そして固形物を沈殿させ、泡になった灰汁を取り、そこにアルカリ性のもの（P73 のぼろきれには尿を使ったと考えられますが）を混ぜるとインドキシルという酸素と反応する物質が生成されます。これをあたためて繊維を漬けると、黄色や緑に変わり、また空気に触れると酸化し、インディゴティン[★2]となって青くなるというものです。

ペルーのワカ・プリエタで発掘されたぼろきれは、綿毛とキョウチクトウ科の白い繊維で織られていました。6200 年前とされたサンプルは、2本にひねられた青の縦糸が7回続き、その後白い縦糸をはさんで2本の青い縦糸が順序よく4回続き、念入りに織られていたこともわかりました。

ワカ・プリエタの住民はおよそ 3800 年前にこの土地を放棄してどこかへ移住したと見られています。その後オクカへとパラカスという地から、2500 〜 2250 年前のペルーのインディゴ染めが見つかっています。そのためペルーでは早くから藍染が広まっていた、あるいは染めの技術を知る人々が移住していったためとも考えられます。

さてこのぼろきれが発見された時、それはまるでわざと切られたか引きちぎられたように破断した状態で見つかりました。研究者たちは疑問に思い、もしかするとこの布は儀式に使われたものではないかと考えました。アンデスや中央アメリカのマヤなどの儀式を見てみると、供え物が引きちぎられたり、壊されたりした状態で塚や祠の前に置かれていることが多くあります。その行為は宗教的な意味を持っていると考えられてきました。これは現世と死者の世界とのつながりを表し、生きている者が祖先や死者に贈りものをする際の独特な儀式だと見られています。

儀式とはどのようなものであったのか、文献を手がかりに探してみたいと思います。ワカ・プリエタには文字は残されておらず、またアンデ

スのケチュア族は文字を持ちませんでした。

　16世紀、スペイン軍は征服王コルテスに率いられて、メキシコをはじめペルーの文明都市を短期間のうちに侵略し、疫病を蔓延させ、破壊、殺戮を行って文明を滅亡まで導きました。メキシコで生まれたスペイン人神父のエルナンド・ルイス・デ・アラルコンは、ペルーやメキシコの山合いの部落を訪ね、原住民の暮らしや儀式について記録をした『今日ニュースペイン原住民に残る異教徒の迷信について』という本のなかで、原住民の神や霊に供物を捧げる儀式について、このように書いています。

「これらの王国や、そのほかペルーなどでも目にした偶像崇拝については、その多くは祈祷師や呪術者が中心になっており、現在ではかつてほど多くはないが秩序あるしきたりが続いているようだ。私が知ったのはペルーではワカと呼ばれるものだが、そこは彼らが参拝する特別な場所だった。ワカというのはインディオたちの丘や湧水路、川や噴水または湖にあって、彼らはまるで聖ヨハネの日や聖ミカエルの日のようなある特別な日に、水や噴水や丘に祀られたものへの彼らの信仰心を表し、また幸運を願い供物を捧げる」

　この記述はアラルコンがメキシコのアテナンゴにいたときに書かれたもので、彼は先にペルーで目撃した例と比較しながら記録を付けています。

「私が実際に目のあたりにしたものは、丘のあちこちでコーパル（香）、糸の束、雑に編んだものを意味するポトンと呼ばれる小さな布切れ、ろうそく、花束など新しいものや古いものが一緒くたになったものである。1626年の聖ミカエルのようなその祝祭の日に、私はそれらの供物をワカに捧げたと思われる男を見つけて後を追った。しかし悪路に阻まれて、結局追いつくことはできなかった。

　供物は道から遠く離れた岩を組んだ小さな洞窟のなかにあって、そこは陽や雨から守られていた。私は近隣の村も尋ねてみたのだが、一

度も供物を捧げた者の後を追うことはできなかった。なぜならこの土
地のインディオたちは、まるでペルーのように、悪魔に見つからないよう
に警戒を怠ることないからだ。インディオたちがテオロオリと呼ぶ監視
員を置いて、その特別な日に捧げられたコーパルやろうそく、花束やそ
の他もろもろの品を私のようなワカ荒らしから見張っているのである」

　アラルコンの記述には、糸の束とポトンという名前の"雑に編んだ布
切れ"が儀式に使われていたことが記されていました。次の部分では、
アラルコンは自傷と神がかりの儀式を目撃した時の様子をこのように
書きとめています。

「まずは最初にコーパル、この土地の香を供物とし、次にパウイロが
作ったような粗い糸のあまりよく編んでいない綿布の束、あるいはその
ような糸で編んだハンカチ——なぜかポトンと呼ばれているが——そ
の綿布をよれないように石を積んだ塚に供物として置かれているのを
見つけた。私もそれを見たが、その場所にはさらにクアウアマトルと呼
ばれるリネンのような白い紙があって、それは柔らかいテポツランという
木の樹皮でできている。神やその偶像への供物はこの紙で包まれる
か、あるいは綿布と一緒に使われる。またその偶像にそれを着せて、そ
れがあたかも天使が服を着て雲の上を歩いたり、道や辻を歩いたりし
ているように見せた」

　ここでもふたたびポトンと呼ばれる布が現れてきます。ペルーで青く
染められたという布のバエタスはすでにスペイン語になっていますが、
その昔はポトンかあるいはそれに似たような名前で呼ばれていたのか
もしれません。

「そしてその石の塚、偶像のあるところに到着すると彼は供物を捧げ、
そこに置くと彼は自分を衰弱させはじめた。つまり鋭い針やちいさな銀
の刃で女性がイヤリングをするところの耳たぶを血が良く出るように突
き刺し、小さな塩皿のような石の鉢に血を溜める。そしてナカステココ

ヤクポルと呼ばれる、老人が施している大きなリングのように耳を切りはじめる。また、あごの上の下唇を突き刺し鼻の穴の大きさになるくらいに穴を開ける。舌の上に開ける者もいる。これらはすべて自傷の儀式であり、あるものは気絶し、また意識を失い、この恍惚感によって彼らが聞いたりまた浮かんだ考えや言葉が彼らの口を通してその偶像が語らせた言葉であり、人々は神の託心を得て誇りに思ったり、それが子どもたちへの当然の教えとして確信したりするのである」

　また、別のスペイン人司教アロンソ・モリナがポトンについて言及した手紙があります。モリナは「ポトン・キ」と表記してそれが「におう物」であると説明しています。アラルコンは、ポトンは「ゆるく編んだもの」でありそれを体に油を塗って羽のようにつける儀式と関係していることにも言及しています。

　ポトン、またポトン・キとワカ・プリエタで発見された聖なるぼろきれの間には約7000年の隔たりがあり、一概に同じ物とは扱えませんが、共通点として考えられるのは、「におう物」であるポトンのなかには藍染が入るということです。ただ同じように赤の染料コチニールもカイガラムシをつぶして染めるため、独特のにおいを発します。

　ナワ語大辞典によれば、ポトンキは次のように記されています。

　　意味：ポトンキ（potônqui）ポトニ（複 potôni）
　　①臭い。
　　②乾燥、細かいもの、ふるい分け。
　　③緩んでいる、しっかりしていない。

　　③の例）
　　1.彼のサンダルの側面は緩い綿の糸で織られている。
　　2.彼らは故人の首の周りにゆったりとした糸をかけました。これは
　　　死者に同行する犬です。
　　3.彼らは編んでいない綿をそこに通した／彼らは編んでいない

木綿の糸を引き入れた。ピアスをする耳に。

4.死者のために準備されている緩い糸と赤い糸（イウアン・ポトンキ
イウアン・チクパトル）。

古ナワ語辞書では、糸を人の耳の輪に通したり首にかけたりする、とあります。これは自傷の儀式を髣髴とさせる場面です。

実際に穴を開けた耳に脱脂綿を通したように見える絵が『フィレンツェ絵文書[3]』に描かれています。また、黒く染められたポトン・キを羽のように体につけたという記述もあります。儀式の意味によって色は使い分けられていたのかもしれません。アラルコンによると、赤は「血を吸った」ものとしてあり、黒は「蛇神ケツァルコアトルのためにあった」とのことです。すると、「青く」染められたポトンが儀式に使われたとすれば、それはまた別な意味を持って存在し、神殿の場で引きちぎられ神霊の世界へ送られたとは考えられないでしょうか。

1　キビスタス・アンティシフィリカ（ユアンガ）とナンバンコマツナギ（木藍）
2　インディゴティン　インディゴブルーの青の主成分
3　フィレンツェ絵文書　スペイン人牧師、ベルナルディーノ・デ・サアグンが1545年に書き始め、1590年に彼が亡くなるまでの45年間にアステカでの生活、儀式、思想、宇宙観などについてこと細かく書き残した記録集

青い石

「アステカの若き王」と呼ばれたモクテスマ2世は1519年11月8日、スペインの征服王エルナン・コルテスを自らの都、テノチティトランに招きました。コルテスはオルメド神父、通訳のマリンチェらとともに帝都に向かい、湖に到着します。テノチティトランはテスココ湖上に建てられた水上都市で、縦横に張り巡らされた橋、運河、そしてそこを何不自由なく通るカヌー、人々で賑わう市場でした。これらを見て、コルテスらは驚嘆したといいます。

　モクテスマ2世は、当初コルテスたちを軍神ウィツィロポチトリとともに祀られる蛇神ケツァルコアトルの化身と半ば思い込んでいたといわれています。しかし彼は、コルテスらが到着するころには自分たちとは違う宗教、つまりキリスト教があることを知っていました。この最初の会合でモクテスマ2世はきわめて丁重にはるばるスペインからやってきたコルテスら一行を歓待し、付き添いの4人の役人、それに5人の兵士にそれぞれ金の装飾品と美しい木綿の織物を渡したと記録されています。コルテスらは宮殿の様子や、金銀細工の精巧さ、女性の織り仕事、さらに人身供犠の儀式を目にしました。コルテスに同行したベルナル・ディアス・デル・カスティーリョは、彼の著書『メキシコ征服記』にその様子を綴っています。

「モクテスマの住まいは2000人の兵によって守られていた。晩餐には300種類の皿が並び、焼き物も目を見張る美しいものばかりだった。食べ物は1000人分あり、王の周りには若い美しい女たちが仕え、王の手を洗い、そして乾いた布で拭いていた。鶏、七面鳥、うずら、あひる、鹿、豚、鳩、その他さまざまの鳥類、野兎や野生の動物の料理が並び、そのなかに子どもの肉が上品に出されていた。我々はコルテスには決して人の肉を出さないように伝えた。〔中略〕コルテスの部屋には少し低めの机と、少し低い椅子が置かれていたが座り心地のよいクッションがあり、美しい木綿のカバーで覆われていた。寒さのため暖炉に火がついていたが煙は出ず、よい香りだけが部屋のなかに漂っていた」

　コルテスはモクテスマ2世に神殿のなかを見たいと申し入れ、一行

は神像と対面します。これらの像は金や青い石で装飾され、祭壇には
その日いけにえとなった5つの心臓が供えられていました。そして祭壇
の周囲におびただしい血が広がっているのを見たコルテスは「ここは
悪魔の家に違いない」と確信し、モクテスマ2世にこう進言します。「キ
リスト教には博愛と友情があり、我々はこの地に教会を建てたい」。し
かし王はこの言葉を干渉と受け止め「自分たちの崇拝する神はこのよ
うにして祀ることで我らに雨や自然の恵みを与え、人々の暮らしを許し、
ここで平安に暮らすことができるのだ」と受け流すのです。この時ふた
りの間には静かな応酬が交わされました。

　デル・カスティーリョによれば「モクテスマの神殿は財宝とチャルチウ
イスに満たされていた」ということです。モクテスマの玉座は金銀と「チ
ャルチウイス」と呼ばれる美しい石で覆われ、その石は金の板2枚分の
価値があるものだったと書かれています。スペインのスマラグダス（ラテ
ン語のエメラルド）と比べても、この美しい石は勝るとも劣らず、コルテス
には金銀とともに沢山の「チャルチウイス」が贈られて、さらには自分も
4つ手に入れたと記しています。アステカにはほかにもこれに似た少し
黒みがかった石、青い斑点のある石、領主らが祝祭の日に付ける石、
など多くの種類がありました。特にケツァル鳥の羽の色をした「ケツァ
ルチャルチフイトル」は明らかに最も美しい石であったとされています。

　スペイン人たちはこれらの石がエメラルド、碧玉、ヒスイではなかっ
たかなどと想像しましたが、どれにも当てはまらなかったようです。モク
テスマの贈った「チャルチウイス」の石は、コルテスらにスペインへの土
産として帰国を促したものでした。コルテスが受け取った石のほとんど
は、彼のスペイン人妻ゴマーラのものになったといわれています。

「チャルチウイス」の宝石職人らはテノチティトランのはずれのエスカ
プザルコという村に住み、その職人的技術はコルテスたちの目にも留ま
り高く評価されました。「チャルチウイス」のペンダントやブローチがグア
テマラに近いオコシンゴという場所から多く発掘されたそうです。おそ
らくこのあたりから産出した原石が運ばれ、職人たちの手に渡ったもの
と考えられます。

メキシコ盆地で繁栄したテオティワカンでは、交易にグアテマラのヒスイを使っていたと見られ、この交易は長く続けられていました。やがてアステカではより青味の強いトルコ石がトラロク神のマスクや頭蓋骨の装飾などに使われるようになりました。トルコ石には太陽、炎、隕石に通じる「空の石」という意味付けがされ、それをアステカでは「シウ（xiu）」と呼び、トルコ石の火の神を「シウテクトリ」、トルコ石の火の蛇を「シウコアトル」とし、神の名などと結び付けられました。

　テオティワカンにあるケツァルパパロトル神殿のパパロトルは蝶を指し、この神殿はケツァル鳥と合体した火の神の住まいとされています。建物の壁や柱に刻まれている水の文様は、水のなかから立ち現れる炎のなかで舞う蝶の姿を彷彿とさせます。また蝶は戦士の魂を炎とともに天に連れて行く使いといわれています。屋根には、台形をふたつ重ねたような形の石板が立っています。この石板はヒスイを表す印「シウのサイン」と呼ばれるものです。これを屋根に設置したということは星、特に流星を指していたと考えられます。偶然にも中国語では星座のことを宿といいます。実は流星に関する興味深い記述が『フィレンツェ絵文書』（P78の註釈参照）に、メキシコの民族には言い伝えが残されていました。

　流れ星が落ちることもなく昇ることもなく
　何の目的もないように通り過ぎると
　虫が落ちてくる
　けもの（野うさぎ）が流れ星で怪我をした
　それは流れ星で怪我をしたんだ
　虫が当たったからだ、とひとびとはいった
【フェレンツェ絵文書　ベルナルディーノ・デ・サアグン】

　トルコ石のあるところ、
　または地球に落ちた隕石かその隕石鉱物のある場所に
　黒い芋虫が現れるだろう
　それは3cmくらいの大きさで

手のひらいっぱいくらいの山になっている

これらの芋虫は星の芋虫と呼ばれ

または星の糞とも呼ばれる

一見糞の山のように群れている

（メキシコ・プエブラ州の山岳民族による言い伝え）

山岳民族の言い伝えでは、流星が落ちたところに「黒い芋虫」、「星の糞」、「黒い蛇」が見つかったと表現しています。

雷光か、流れ星か。光が夜の山に現れる

それらは流れ星のように落ちてくる星々だ

それらは小さな火の虫だ

まだ石のように固まっていなくて

動いている

むしろ黒い蛇のような小さな虫だ

それらはランプのように空の上で光っていた

地上に落ちてくる間に、それらはばらばらになった

（メキシコ・チアパス州のマヤ山岳民族による言い伝え）

神は時々地上の貧しいものたちを憐れんで

光り輝く金の落し物を与えることにしていた。

金の落し物は流れ星で、この流れ星は

星屑を意味するタシュラブと呼ばれていた。

ところが、悪魔が雲のなかに隠れていて

金の落し物を横取りして自分のものにしてしまった

金の代わりに悪魔は虫の塊をボールにして投げ落とした。

このボールはジャングルの中でたびたび見つかった。

（グアテマラ北部・モパン族による言い伝え）

これらの記述から想像される星の屑は、芋虫が団子になったような形をしているように受け止められますが、色については黒、あるいは金

属的なものだったのかはっきりしません。実はメキシコ人考古学者マヌエル・ガミオが次のような言い伝えをテオティワカン地方の民族から見つけています。

「隕石の落ちたところに、青い虫が群れている[*1]」

隕石は地表に衝突すると高温を発し、その際特殊な結晶体を生成します。この記述にあるように主にガラス質成分を含んだ生成物を衝撃結晶（ショックド・クォーツ）と呼び、マヤ人たちがこのかけらをどこかで発見したとしても不思議ではありません。アステカで珍重された石、「チャルチウイス」とは、こうした結晶体のなかでも青緑色をしたもの、例えばモルダバイト、オリービンとして知られるものに近いものも含まれていたのではないでしょうか。「黒い糞」として例えられるのは同様の衝撃結晶である黒いテクタイトが正に合致しています。そして腕に身のある職人たちがこれらを磨き、首飾りなどに仕立てて王に献上された、そう考えるのはどうでしょうか。

　アステカで使われていたトルコ石はメキシコでは産出しないため、北米からもたらされたものと長く考えられてきました。アメリカ・インディアンがトルコ石を採取していたことは知られています。しかもそれらのなかには緑や青の混じった石があり、それを「チャルチウイティル」と呼び高価なものとして扱っていたという記録が残っています。この石はニューメキシコ州サンタ・フェの深さ30ｍの採掘場から見つかったもので、色は黄緑、青緑、薄緑などエメラルドやヒスイに近い色合いをしていたそうです。実際にこれがモクテスマ2世の持っていたものと同じであったのかどうかは不明ですが、「チャルチウイティル」という言葉がナバホ族に残っていたということから、両者は交易していたと考えられます。

1　メキシコ人考古学者マヌエル・ガミオ（1883-1960）の1922年の記述より引用。翻訳カール・タウベ。'they say that in the place where a meteorite falls（citlalcuitlatl or metzcuitlatl）a blue worm forms'（translation by the author（Karl Taube）.

「むかし、白い家[*1]に入るには4つの歌を歌わなければならなかった。崖をよじ登るときの歌。家の入り口で歌う歌。家のなかを歩き回る歌、そして最後に帰る支度の歌。家は虹の上にあり、地上から登って行かなくてはならない。しかしいまはそうはいかない。みんな昔のことだ。かつては夜明けの子、ハヨルカル・アスキが虹を登っていったそうだ」
──ナバホ族の祈祷師たちの言葉とナイト・チャントの歌「キニナエーカイの伝説」より

アメリカのアリゾナ、ニューメキシコ、ユタの州境を囲む乾燥地帯の居留地[*2]に住むナバホ族には、砂で描く絵画、サンドペインティングというものがあります。この絵は病気の患者を治す儀式のなかで描かれるものです。人々は病気や怪我、原因不明の病などを悪魔の仕業と考えていました。治癒の儀式はホーガンと呼ばれる伝統的な丸太小屋のなかで行われ、薬草を焚いて患者の発汗を促し、貝の粉を体に塗るなどします。そこではチャントと呼ばれる歌が歌われ、儀式[*3]がはじまるとホーガンの中央でさまざまな色の砂（岩を擦りつぶしたものなど）で青い顔のイェビチャイの神、聖なる山、精霊、動物たちが注意深く描かれていきます。それらの絵に霊が宿り治癒を助けると信じられているのです。

儀式は強力なサイコセラピーであり、短いもので2日、長いものでは9日間も行われます。儀式が終わると汗と香と精霊を吸い込んだ絵はきれいに消されます。病を吸って天に帰るのです。サンドペインティングは儀式の途中で「現れる」もので、形が残るものではありませんでした。

絵のモチーフはナバホの神話に則り4つの方角、白、青、黄、黒（それぞれ東南西北）に分かれて大枠が決められます。色は岩石などをすりつぶしたもので、青は黒に白を混ぜて作られます。イェビチャイの神、話す神、聖なる山々、青い鷺、カエル、ヘビ、トウモロコシ、葦、双子の戦士、稲妻の矢、最初の男、最初の女、太陽、月……数多く登場するモチーフの配置は、儀式の司祭であり歌手でもあるチャンターの頭のなかに収められています。

チャンターは薬草や花粉を調合するメディスンマン（薬剤師）でもあり、ヒーラー（治癒者・医師）、そしてペインター（画家）と、いくつもの役割が

あります。薬草には知識が必要であり、それに組みあわせる神々や動物を選ぶのも大事な仕事です。それらは患者の持つ病気や、容態によっても変わってきます。高熱、頭痛、気力や体力がなくなってしまった患者はどうするかなど、これには出生や両親の死に方、過去に出会った動物やその場所などの起因、因縁も考慮に入れるといいます。同時に儀式には正確さが求められます。儀式のミスが患者や部族に悪霊が取り付くことにつながるかもしれない、そういった非難を負うことにもなるのです。

　チャントのテーマはいくつかのグループに分けられます。シューティング（弓矢）、山、神がかり、風、手の震え、鷹の道などの代表的な演目に、それに付くウェイ（式）というサブグループが存在します。たとえばシューティング・チャントには水、赤蟻、大きな星、火打石などのウェイが付き、山のチャントには美や母のウェイが付けられます。これらを組みあわせると20〜25程度の曲ができます。それに男性、女性が加わり患者にあわせて組み立てると400〜500種類ものバリエーションに広がるのです。実際にそのなかから300曲が歌われたといわれています。

　チャンターになるには長い研鑽が必要で、30歳がひとつの目安といわれています。そのころは気力、体力も旺盛で難しいとされる最長9日間に及ぶナイト・チャントにも挑戦できるからです。しかしチャンターが自分の得意ではないチャントやウェイを組みあわせると、不勉強や経験不足で歌が途切れることになります。その場合は間違いが多いと非難され、1曲ごとにやり直します。そこで儀式にはチャントの師匠が立ち会って、若いチャンターが疲れて間違えたりしないよう見守ります。ナイト・チャントでは2日目の夜が重要視され、患者の痛みのある部位にトウモロコシやヒエンソウの花粉を付け、そしてチャンターの舌の上と額にひとつまみずつ花粉を乗せて歌を歌いはじめます。その後チャンターは夜通し歌い続け、ほのかに明かるくなると今度は夜明けのチャントを歌いはじめます。患者は日の出に向かって息を大きく4回し、チャンターはブレッシング・ウェイを歌って締めくくり、儀式は朝陽とともに終りを告げるのです。

儀式をまとめられる師匠には大きな権威が与えられます。弟子のチャンターは教わったチャントを歌うと指導料をその都度支払ったそうです。1917年に活躍したベルダーシュの大チャンター、ホスティン・クラーは長年の総仕上げとして9日間にわたる「偉大なるイェビチャイ」の儀式を行いました。これに臨んでクラーは「自分が一小節でもチャントを間違えたり、飛ばしたりしたら一からチャントの勉強をやり直す。ボスク・レドンド収容所からナバホ族が解放されてから最高の儀式にしてみせる」と宣言し、2000人の観客を集め見事成功させたといいます。そして部族のために自身の所有する羊や馬、財産の1/3を寄付したと伝えられています。

「この地域は目に見えない灰色の霧に覆われている」。ナバホ族のゲイザー（透視者）がグランド・キャニオンにあるモニュメント・バレーという巨大な岩山のひとつを見た時に放った言葉です。実はナバホ族の岩山には多くのウラニウム鉱山が存在しています。1970年代までウラニウムの採掘が公然と行われ、多くの労働者が換気の悪い構内で防護服も付けずに働きました。閉山後も当時の放射性鉱物の破片がいたるところに野ざらしにされていましたが、人々はここに家を建て暮らしていました。1997年にアメリカ合衆国環境保護庁（EPA）が調査すると、モニュメント・バレーはいずれの水脈も健康被害を及ぼす高レベル放射性物質が含まれていたことがわかり、また住居内でも許容レベル以上の放射線が検出されました。2005年ナバホ自治区のウラニウム採掘は禁止され、アメリカ議会は自治区内の放射性廃棄物クリーンアップ・プラン法案を可決。2011年EPAは域内の1万5000㎡の汚染残土除去作業を開始しました。

ナバホ族を苦しませてきた原因不明の病。そしてこれによって培われてきたチャンターの儀式。無慈悲にも見える静かなるイェビチャイの神は、放射能とともに生きる私たちの未来をも、じっと見据えているのかもしれません。

1　白い家はアリゾナ州キャニオン・デ・シェイ国定公園内にあるプエブロ遺跡
2　700万ヘクタール（2万6000平方マイル）にも及ぶ
3　患者の親戚や子どもなど、過去に「歌われ終わった者='the one sung over'」の同伴を必要とする
4　ベルダーシュ berdache；アメリカ・インディアンのフェミニン的男性

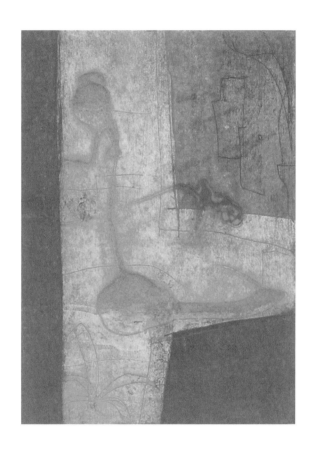

遺跡

Permanece

テオティワカンの人々は、太陽や星の運行をつぶさに観察して正確な暦に基づいて独特の数学を生み出し、独自の信仰と宇宙観を発展させました。トウモロコシを主食としたため、神は人間をトウモロコシで作ったという神話を持ち、世界の端には4本の柱が立っていて、天はこの世界の屋根だと考えられました。

また天は13層、冥界は9層からなり、地上に生まれた人間の存在は神からの借り物で、太陽を動かし明日を迎えるために人の命を贈らないといけないと考え、エネルギー体であるテヨリアの宿る心臓を太陽に奉じました。心臓は太陽を動かす動力源と考えられていたのです。そして死んだ人間は冥界に行き、また骨は新しい生命の芽生えの土となって、兵士の魂は蝶とともに炎のなかから天に昇っていくと信じられてきました。開いた人の心臓の形が蝶に似ていたからだといわれています。

テオティワカンには月のピラミッド、太陽のピラミッド、そしてケツァル鳥の羽根に覆われた蛇を祀るケツァルコアトル神殿（フェザード・サーペント神殿）があり、テオティワカンの都の中央には死者の大通りが作られました。都の計画図は天体の位置と密接に関係していると考えられますが、独自の尺貫法（0.83m）を用いて建設されたこともわかっています。都はおよそ750年ころに繁栄のピークを迎え、12万人以上の人々が住んだと推測されましたが、繁栄の直後大火に見舞われ、人々は都市を棄てて去っていきました。

テオティワカンは廃墟となり、およそ600年の時を経てアステカ人たちがこの地に辿り着き「神々が創られた場所」と驚嘆して讃えました。アステカ人たちは呪術者の予言どおりテスココ湖西岸で「赤い果肉のサボテン」の生える岩を見つけ、彼らの都を建てることにしたといわれています。このサボテンは太陽の木、太陽の果実を意味するテノチトリと呼ばれ、コンドルがえさをついばむ聖地ともみなされました。

その後アステカ人たちはテスココ湖の灌漑と埋め立てを行い、水上都市テノチティトラン（1325年）を新たに建設し、やがて優れた天文学と暦、建築、農耕、工芸、芸術を生み出しました。1519年、この地を訪れたスペイン人たちが「世界で最も大きく美しい都」と讃えたほどです。

しかしその後テノチティトランの多くの建物は、スペイン人の征服欲を満たすためことごとく破壊され、テノチティトランを囲うように占めていたテスココ湖の水は抜かれ埋め立て地になってしまいました。

　テノチティトランは現在のメキシコシティー、テンプロ・マヤールにあたります。この場所は3月22日前後の春分に、トラロク山の頂上から上った日の出が山頂の陰を落とす場所でもあります。

　トラロク山は廃墟となったテオティワカンの南東にある標高4120mの山で、メキシコでは9番目に高く、またかつては活火山だったそうです。ナワ語では「トラロカテペトル」と呼ばれ、テオティワカンでは「豊穣の山」として信仰されました。後の時代のアステカ人たちも雨と雷の神トラロクの棲む所として、雨乞いの儀式を行いました。頂上には儀式を行った遺跡があり、そこからかつての都テオティワカンと、メキシコシティーを一望することができます。

　現在ではテスココ湖の上にメキシコシティーが広がり、街には大きなビルや高速道路が建設されています。いまでもテンポ・マヨールの市街地のあちこちから遺跡が発見されることがありますが、現存する密集した住居群のためになかなか調査は進みません。時々起こる陥没がこの都市の歴史と地盤の弱さを物語っています。時にアステカの呪いと呼ばれる由縁です。

| テヨリア　人、動物、植物、山、川や風などあらゆるものに存在する宇宙と結ばれるエネルギー体

テオティワカンの時代にトラロク山をモチーフにした壁画が描かれました。その山は青く、壁画はティパンティトラ宮殿に残されています。「豊穣の山」と名づけられたこの絵には、山上や山の周りに大勢の人が描かれています。ある者は花を摘み、ある者は踊り、またある者は飛び上がっているようであり、たくさんの人があちこちを向きながら山に集って来ている、という光景です。しかし人々は一体祝っているのか、苦しんでいるのか、その表情からはなかなか読みとれません。手を握って行列を作っている人たち、また自らの体を傷つけ血を流している人たちもいます。山の中腹には頭のない人や、流れのなかで溺れそうになっている人もいます。

一歩離れて絵を見ると、山は雨粒に覆われているように見えます。実はその雨粒の一つひとつが人々の姿なのです。山の頂からはどくどくと流れ出す青と赤のまだら模様の河、これは山に降った雨の流れる様子にも見え、同時に傷ついた人々の血が川となって下界に流れ落ちるようにも見えます。「豊穣の山」とは、食べ物にあふれ、緑豊かな世界という意味だとすれば、雨の恵みによって田畑が潤い作物が豊かに実るということなのでしょう。それと同時に雨粒にも例えられる人々と彼らの血は水の貴重さと同じように自然界に必要とされるものだという意味で、ここに描かれているのかもしれません。山に塗られている青は水、雨、そして人々の崇拝したトラロク神を表しています。

雨季を迎える前に、テオティワカンの人々は雨の神が住むトラロク山にのぼり、いけにえを捧げて雨乞いをしました。山上の神殿では、生きた人の心臓が抜かれ神に捧げられたのです。山に降った雨といけにえの心臓から流れ出た赤い血が、一体となってふもとのメキシコ盆地に流れ、大地の隅々にまで潤いを与え作物を育たせると彼らは考えました。人々の生活は厳粛な自然の摂理のなかにこそ存在し、その世界観、宇宙観がこの壁画のなかに描き込まれているのです。

アステカの都テノチティトランの神殿のほとんどはトラロク神のために建てられたといわれています。トラロク神は雨、雷、水をつかさどるあらゆる自然現象に通じた強大な神でした。また、神殿の基盤からは多くの子どもの骨も見つかっています。子どものいけにえが神を喜ばせる

ものと信じられ、トラロク山頂で行われていた祭事[1]は少なくとも年に、2
月中旬から3月、春と雨季のはじまる前の5月の最も暑いころ、収穫期
の11月と再び雨の降る12月、季節の変わり目と重要な農暦の節目に王
族や領主の見守るなか行われていたといいます。また子どもたちの涙
が雨をもたらすものと考えられ、子どもは神々のような衣装を着せられ、
儀式の場へ歩かされたといいます。

　雨乞いが行われたトラロク山の頂に至ると、両側に石を積んだ石塀
が現れ、まるで見えないものの手で導かれるようにその塀沿いに進ん
で行くことになります。石造りの道はおよそ150mほど続き、そこで広場
に出ます。広場はおよそ60×50mの四角形で、そのなかにはもうひとつ
の小さい四角の空間が残っています。かつてそれは4つの方角を指し、
中心の石台に立つトラロクの本体神に四方から雨が集まるように考え
られていました。広場で流されたいけにえの血が混じると一緒になって
アステカの都に向かって下っていったのです。石造りの塀の道とは、雨
と血を流す樋の役割をしていました。広場の脇には石造りの小空間が
あり、ここはいけにえを一時的に入れた場所だと見られています。

l　アトルカウアロ Atlcahualo；祭事の呼び名であり期間名はクアウイトレウア Cuahuitlehuaとも呼
　ぶ。トラロク山を含むいくつかの山（Tlaloque）の祭りでもある

クモの女神

「クモの女神」と呼ばれる壁画は、同じくティパンティトラ宮殿内にある、「豊穣の山」の上部に描かれています。この女神は当初トラロク神の妻としてみなされ、古くは大地母神、原始母神だったと思われてきましたが、正確なことはわかっていませんでした。このクモの女神は頭に青い羽をたて髪のように立て、顔は獣のような荒々しい表情をしています。頭の羽飾りはグアテマラのケツァル鳥、カザリキヌバネドリの青い羽と見られます。

「クモの女神」という名前がついたのは1983年、考古学者でカリフォルニア大学のカール・タウベ教授が唱えた説にはじまっています。それは女神が纏っているケスケミトルというメキシコの女性用衣服（織物）と関係していました。女神の背後に描かれた生命の木、セイバはアオイ科の樹木で、花の咲くころに木綿が生えることからワタノキと呼ばれています。もともとこの木の綿を取って人々がケスケミトルやウィピルなどの衣服を織っていたことから、メキシコの織物の伝統文化と重なって女神の名前にふさわしい、と唱えたタウベ教授の説が受け入れられるようになったのです。

また遠く離れたアメリカ・インディアンの神話に伝わるクモの祖母神の存在も、その説を裏づけしています。アステカ時代にはこの女神を花（ショチル）と羽（ケツァル）を持つ女神「ショチケツァル」と呼び、別名では水の女神、出産の守り神、織物・刺繍の女神、ヒスイのスカートの女と異名をとった女神「チャルチウィトリクエ」とも見なされるようになりました。

絵に描かれたワタノキの幹のなかを泳ぐのは蝶です。南米に舞うモルフォチョウは美しい青い羽を持ったため、一時乱獲され相当数を減らしました。天文学の進んでいたテオティワカン人にはオリオン座の巨大星雲が見えたかもしれません。星雲は蝶に形が似ていることで知られています。

蝶を胸飾りにした戦士の像がテオティワカンの北、トゥーラの遺跡に残り、神殿の上に立つ4体の戦士の石像には、槍と剣、香の袋、背中に盾、そして胸に大きな蝶のデザインが彫られています。

他方、南のマヤ文明には月の女神の神話が多く残されており女神

の世界は夜とされ、同時に多産と織物の象徴でもあります。ユカタン半島を調査したイギリス人考古学者エリック・トンプソンは東沿岸に面したベリーズ国の、とある村を訪れた際に偶然聖なる木の祭を目撃しました。トンプソンは祭りの様子をこのように記しています。

「人々はイヌプの若木を森から取ってきて、それを広場の真ん中に据えた。そこから祝祭がはじまった。これは聖なる木と呼ばれていて、この祭典は冥界の女神の風習に従っているということだった。イシュトバイというこの女神は背が高く、およそ3.5mあり、しかも3本の足を持っていて、顔は後ろ向きについていた。イシュトバイは満月の夜に現れると、浮気好きの男たちを誘惑しては冥界に連れて行ってしまった。彼女はそこで自分が誘惑した男たちに審判を下し、男たちを処刑していった」

　クモの女神の両手からは水が流れ出し、雨となって足元で大地を潤し、さらに波となって世界の隅々を潤していきます。兵士たちの手からもトウモロコシの種が湧き出るように撒かれています。カポックの枝々から赤く滴り落ちるものがあり、血を表しているのでしょうか。波間には花びらが浮かび、そのなかをゆらゆらと泳ぐ犬の姿。犬は死んだ人を冥界に連れて行く道案内をすると考えられ人々と暮らしました。水は下層界に流れ、何者かが口を開けそれを待ち受けているかのようです。

ペルーには多くの謎に満ちた遺跡があります。ウルバンバ川をはさんだ聖なる谷にはクスコ、オリャンタ・イ・タンボ、マチュ・ピチュなど石造の古代遺跡が存在しています。サクサイワマン、コリカンチャ遺跡は、巨石を高い精度で組み上げた建築技術で有名です。大きなものでは600トン以上とされる石が、紙1枚通る隙間もなく組みあわせられ、その技術で神殿、城壁、街路など都市構造が支えられていたことが、いまでも人々を感嘆させています。

クスコからおよそ45km、ウルバンバ川を北東へ下るオリャンタ・イ・タンボの途中に、パシャールという小さな村があります。村から南へ向かう山あいには1本の鉄道が走っています。両側は陽を浴びた赤い山々がせり立ち、いまにも落ちてきそうな巨石の居並ぶ谷間です。山あいを2kmほど歩いて行くと、西の斜面に石段が見えてきます。石段は昔トウモロコシを植えた段々畑だったところで、登って行くと約100mの高低差の峡谷を見下ろすことができます。上には巨大な岩が2枚、ちょうど屋根のようにもたれあうように立っています。その下にある大きな空洞にブルー・ストーンの祭壇（ナウパ・ワカ）があります。

祭壇は青みがかった花崗岩ででき、石は全体に正確な傾斜角を保ち、頭部を欠きながらも整然と角錐状に立っています。左右と正面の3ヶ所にはたて形の大きな切込みが入っていて、ちょうど人が立てるくらいのスペースがあり、正面にふたつの石が肘掛のように突き出ています。おそらく後世に破壊されたことで原形を失い上部は大きく欠損していますが、吹き飛んだ窪みの底には流しのような穴があり、かつてこの場所に雨や水を受ける構造があったことを想起させます。斜辺の延長線を目で追ってゆくとあるところで交差し、祭壇の頂点が定まるあたりの見当がつけられます。

ケチュア語でチャカナは南十字星のことを指し、人々は古くからチャカナを太陽や月と同様、重要な天体として崇拝していました。特に農暦と関係していたようです。

ケチュア族が暮していたインカでは、5月のことをアトゥン・クスキと呼び、第6の月にあたってトウモロコシの収穫を祝います。南半球では1月に種まきをし、5月には秋の収穫を祝うアモライの祭りを行いました。6

月には冬至が訪れます。祭壇が示す見えない頂点は、実際南東を指しており、5月3日にこの地点から見られる天の川と南十字星は、角錐の頂点と一致するようです。

　またオリャンタ・イ・タンボの街中には、ブルー・ストーンの祭壇とよく似た形のバーニョ・デ・ラ・ヌーカという水路が残っています。こうした収穫祭と水との関連性から、ブルー・ストーンの祭壇は、インカの水の神ウヌ（またはヤク）崇拝とも関係していたと見られています。

　さて、祭壇を取り囲んでいるものは、ほかにどのようなものがあるのでしょうか。巨大なふたつの岩盤が斜めにもたれあっている祭壇の屋根は、この空間を三角形に閉じた「神殿」と呼ぶにふさわしい構造をなしています。その壁となる岩には直線で切り取った扉のような跡があり、そこは丁寧に四角く削り取られています。住居の扉として作られたものではなく、扉の形をした切込みでしかありません。

　この扉のような形の遺跡はペルー、ボリビアなどほかにも何ヶ所か存在しています。チチカカ湖のアマル・ムル[*1]には巨大な岩に扉の形を削り取ったところがあり、「神の扉（ニッチ）」と呼ばれています。この巨大な岩は縦横約7mもあり、太陽の神殿と呼ばれるコリカンチャがスペイン人に攻められた時、インカの僧アマル・ムルは黄金の円盤を隠すのにこの扉を通って行き、そのまま消えたといわれています。

　神殿の壁の切り込みもこのような神の扉（ニッチ）のひとつと考えられます。ニッチを行き来できるのは肉体を離れた魂、またはその能力を持った僧だけだといわれますが、どうやらわたしたちにも扉は開かれているようです。

　ニッチの奥の壁面に両手と頭をつけて声を出すと、不思議な響きが聞こえてきます。声がニッチのなかで反響し、非常に短い波長を伴って聞こえてくるのです。この音はマイクロトレモロ波といわれるもので、音楽スタジオではボーカルの効果音としてもよく使われているものです。カラオケで自分の声が二重になって聞こえる効果といえばわかりやすいでしょうか。この効果音は太陽の神殿と呼ばれるコリカンチャの「石

の間」でも発生することがわかっています。石の間にもいくつものニッチがあります。ニッチは窓や玄関のような形をしていますが、窓が開いていても目の前には壁があり、または玄関の間口が開いていても壁によって閉ざされているという空間です。この壁のある窓のニッチに向かって声を出すと声が反射してマイクロトレモロ波がかかり心地よい効果音と混ざって聞こえてきます。特にAの音、「ラ」の音に効果があるようです。またマチュピチュにもこのマイクロトレモロ波を発生させるスポットがいくつもあり、調査が行われています。ペルーにはたびたび大きな地震が起きることから、波動に関係した世界観が独自に発達したのかもしれません。

｜　アマル・ムル　ケチュア語でアマルは竜、ムルは種子または果実の意味

インカの宇宙観

インカの宇宙観では、上の世界は「ハナ・パチャ」と呼ばれ、空、太陽、月、星座や惑星、天の川が含まれます。太陽神インティ、月の女神ママ・キラがいて、またイラーパと呼ばれる雷の神も住んでいるとされています。

「ウフ・パチャ」は下の世界、または内なる世界を指し、死と新しい命を表します。いいかえれば「地」に相応する世界です。新しい命はパチャ・ママと呼ばれる農作物や収穫に表される肥沃の女神のもとにあり、一方死の世界は地下にあって、スーパイと呼ばれる悪魔が人々を苦しめると信じられました。人々に災禍が及ぶのは神聖な事柄のひとつであると考えられ、供養あるいは地鎮祭のような儀式を重要視しました。芋の収穫に地面を掘るのも「ウフ・パチャ」に迷惑がかかるので、人々は供物や貢物をあげてから農作業をはじめました。また先祖の霊に対しても、洞窟や岩の穴の開いたところに食べ物や飲み物を供えました。スペイン人はインカの人々にポトシという山に行って銀を掘るように命じましたが、地面を深く掘っていけば「ウフ・パチャ」との世界を汚していくと人々は考え、大変抵抗したそうです。またスーパイたちからの災いを心配して、人々は坑道に供物を捧げましたが、カトリックの神父たちはスーパイはただの悪魔であるので捧げ物はしないようにと禁止したそうです。人々の「ウフ・パチャ」との供養は、スペイン人から解放された後の時代になって、回復されたということです。

洞窟や湧き水は、下の世界「ウフ・パチャ」と現世「カイ・パチャ」をつなぎ、虹と雷は上の世界「ハナ・パチャ」と「カイ・パチャ」をつなぐものとも考えられました。人の魂は、死後どちらの世界にも行けるようになり、現世でまだやり残したことや未練のある者は「カイ・パチャ」にとどまり、そうでない者はどこでも自由に行けたというのです。3つの世界すべてをつなぐのは大地震のような大きな災害時で、それらは創造主の意思に基づき全世界にその影響が及んだものと考えられました。しかし人々が恐れた地震よりもさらに大きく、そして静かに到来した天然痘の感染は、1524年以降インカの人々を襲いたちまちのうちに帝国の崩壊がはじまったのでした。

民族

Pessoas

少女の刺青

　アリゾナ州フォート・モハベの東、キングマン鉱山の近くにオートマン山があります。いまではハンググライダーの聖地として有名な場所です。実はこの山には、アメリカ開拓時代のひとりの女性の名前が隠されています。その女性はオリーブ・オートマン（1837―1903年）。彼女は5年間、モハベ族の村に暮らして彼らの言葉を話し、亡くなるまでその生涯をモハベの心とともに過ごしました。その理由のひとつは、彼女のあごに入った刺青にありました。

　オリーブ・オートマンと妹のメリー・アン・オートマンは白人の姉妹でした。いまからおよそ170年前、ふたりはコロラド州ヒラ川の近くでヤバパイ族のインディアンに誘拐されたのです。姉妹の家族は敬虔なモルモン教徒で、一家は西にある聖地ジオンを目指す旅の途中でした。しかし牛車が立ち往生し、そこに現れたインディアンに襲われて両親と家族6人が殺されたのです。オリーブとメリー・アンの姉妹は、悲しむ間もなく部族の村へ連れられ、薪拾いや水汲みの仕事をさせられました。しかしふたりはしだいにヤバパイ族の言葉を覚えはじめ、部族の人々と話ができるようになっていきました。彼らも白人たちのいろいろなことを聞きたがり、しだいに両者の関係に変化が見られるようになりました。

　そんなある日、ヤバパイ族の村にモハベ族の人々がやってきました。ふたつの部族はお互いを訪ねあい、定期的に物々交換をしていました。そしてこの日、馬2頭、毛布、野菜とトルコ石のビーズとこのふたりの白人姉妹が交換され、オリーブとメリー・アンは次にモハベ村へ行くことになったのです。

　モハベでの生活は、囚われていたヤバパイ族での暮らしに打って変わって自由なものでした。ふたりは酋長のエスパニオーラに迎えられ、酋長の妻のエスパネオ、そして娘のトーピカにさまざまなことを教わりました。姉妹には畑が与えられ、そこでは作物の世話を教わりました。またモハベの若者たちは背が高く、健康でしなやかな体をしていました。彼らは遠くの海まで物々交換のためにトルコ石を持って走っていたのです。

ふたりは徐々に生活に馴じみ、やがて友人を持ちました。仕事のない時は綿のサイコロやかぼちゃの輪まわし、綱引き、木登りや川遊びをしたといいます。ただ、若者たちが互いに卑猥なあだ名をつけるのにふたりは当惑を隠し切れませんでした。オリーブにも「スパンツァ」[*1]というあだ名がつけられました。このあだ名をモハベの人々がつけたのは、ひとつにはオリーブが当初毎日川に入らなかったためと考えられています。モハベの人々は毎日川に入り、そこで排泄が行われていました。そのためオリーブは川に入ることに抵抗していたのかもしれません。また、卑猥なあだ名を付けあう背景には、思春期の若者たちが成熟し大人として認められる時の通過儀礼に似たものだと見られています。オリーブは部族のなかで、「オートマン」と「オリーブ」が合わさって「アリュートマン」、「アリ」としても名が通っていましたが、死んだ家族の名前を呼ぶことは人を馬鹿にする、あるいは差別にあたるとする部族の考え方が影響し、あまり使われなかったようです。

　モハベの社会では父方の氏を娘が継ぐ慣習があり、これに則って「オーチ」、「オリビーノ」という家族の氏（クラン）がオリーブに与えられました。クランを持つことはモハベ族のなかで結婚することができる、つまり成熟した大人の女性として部族に受け入れられたことを意味していました。
　エスパニオーラ一家とオリーブ姉妹は親密になり、特に妻のエスパネオと娘のトーピカに対しては、何ともいいようのない深い感情を持った、とオリーブは後年回想しています。
　実はモハベ族は姉妹が目的で1851年の春ヤバパイ村を再訪したと後に証言しています。彼らは前年秋の物々交換の時にふたりを見つけ、ヤバパイ族に手荒に扱われていたことを心配して戻ってきたのでした。
　モハベの女性は死後、魂が天の国へ向かうためのお守りと考え、天国で先祖の霊とともに幸せに暮らすために顔に刺青を入れるといいます。若いころ判断に迷った女性たちも、年を取ってから刺青を入れ、死を迎えたというケースもありました。刺青は望んだ者が入れるという決まりがあり、義務や強要ではありませんでした。

ある日ふたりのメディスンマン（彫師）がオリーブのもとを訪れ、あごと腕に刺青を入れました。刺青の針の先には植物の汁と青い石の粉を混ぜたものが付いていたといいます。施術は数時間で終わりましたが、腫れが引くのには3日間かかりました。オリーブの顔に刻まれた刺青は妹と村の人々と一緒に生き、白人社会には戻らないという彼女の決心を示したものでした。

　1851年から2年間、モハベの村は豊作に恵まれました。村には白人達がくるようになりましたが、姉妹は自分たちの救出を嘆願しませんでした。次の年からは天候が悪化し、村は飢饉に襲われ、食料がなく、子どもたちが命を落としました。そのなかに体の弱かったオリーブの妹であるメリー・アンがいたのです。エスパネオとトーピカは悲しみをあらわにして幼い娘の死を悼みました。慣例で遺体は火葬とされましたが、オリーブが反対し、姉妹の手がけた農地に埋葬されました。オリーブはこの時から、「逃げようという気が一切失せて、本当にこの地が故郷になり永遠に生きていこう」と思うようになったそうです。

　オートマン一家虐殺事件では兄のローレンソだけが生き残っていました。彼は悲惨な事件後、カリフォルニアに住みはじめていました。事件から数年たったある日、彼はサンフランシスコ州政府に手紙を書き、妹たちの消息を尋ねました。すると手紙にあるような白人の娘達を見たことがある、その娘達はモハベの村にいるらしいという返事が届き、ローレンソは驚いて周囲の人々にこの話をすると、またたく間に姉妹のことが街中に知れ渡りました。

　この話を聞きつけたフォート・ユマの軍警察は姉妹の消息を確かめることにしました。そしてユマ族のフランシスコという男が仲介人となり、モハベ族へ会いに行くことになりました。1856年1月27日の日付の入った通行証にはこう書かれていました。

「ユマ族フランシスコ―この通行証を持つこの者はモハベ族のところにいるスパンツァという女の意思を確認するためにきた。該当する女は事務局に出頭するか、拒否する場合は理由を答えること」

　フランシスコがモハベ村に着くと、酋長のエスパニオーラが応対しま

した。彼は最初、通行証を見て話を聞くと、頭を横に振りました。しかし考えた末、交換条件付きでオリーブを白人社会に帰すことに同意しました。その条件は、馬を2頭、毛布とトルコ石のビーズでした。

オリーブは帰る際に泣きながら川を渡ったといいます。そして彼女が川に入ると上腕にも刺青が入っているのが見えたそうです。

5年間のインディアンとの生活の後、彼女は19才になっていました。英語はほとんど忘れていましたが、出迎えた兄ローレンソとはかろうじて話しができました。オリーブがサンフランシスコに着くと、その姿を一目見ようとする人々が押し寄せ、新聞の一面には彼女の帰還が大きく取り上げられました。人々の関心は彼女の顔の刺青と、英語が話せるかどうか、白人社会が認める礼儀作法ができるかどうか、夫を持ったか、レイプされなかったかどうかでした。そして彼女の帰還は未開社会から脱出した勇敢な行動として喝采を浴びたのです。

オリーブはインディアンの暮しと白人社会の大きな隔たりに悩まされ、静けさを求めて街を離れました。郊外で暮らし、周囲の人々にモハベで教わった水泳と縫裁を時折教えました。しかし穏やかな日々のなかであっても、彼女は家族を失った感情の起伏に悩まされます。それは家族を失った寂しさによるものでした。家族とは殺されたオートマン一家であり、モハベの村のエスパニオーラやトーピカでもありました。その意味で彼女は家族を2度失ったことになったのです。

1857年にロイヤル・ストラットンによって書かれたオートマンの伝記『囚われのオートマン姉妹[*3]』の初版は瞬く間に売り切れました。彼女は自分の経験を語るため講演会を開くことにしました。そこには多くの聴衆が詰めかけ、人々は特にオリーブの顔に刻まれた刺青に好奇心を持ちました。当時、アメリカでも女性がひとりで自分の経験や意見を発言し人前に立つことはタブーに近い行動でした。しかし彼女の講演会を訪れた多くの女性たちはオリーブの姿に感銘し、共感とともに、意識が変わり、やがてオリーブは女性の独立と地位向上を訴えるカリスマと見られるようになりました。そして少しずつ同じように社会の規制を乗り越

えようとする女性たちが現れはじめたのです。いわばオリーブがその常識を破った最初の女性になったのでした。オリーブは講演のためのひとり旅をするようになり、それは別の意味で彼女の巡礼の旅になったのかもしれません。

　またオリーブは後年モハベ村の酋長エスパニオーラとニューヨークで再会しました。その時のことを彼女はこう話しています。

「この素晴らしい文明社会の、美しく飾られたメトロポリタンホテルで8年の時を経て彼に再会できたことは全くの偶然でした。私たちは部族の握手を交わしました。私はモハベ語で話しかけ、私が村を去った後のことをいろいろと尋ねました。彼らは文明化したいと考えるようになっていました。酋長の娘（トーピカ）はまだ私に会いたがっていて、日々顔を曇らせながら1日の仕事についていると聞きました。かわいそうな山の娘……神の思し召しあれ」

1　スパンツァ　腐った女陰を意味する
2　インディアンたちは捕虜にした女性たちを常に紳士的に扱いレイプはなかったという
3　原題『Captivity of the Oatman Girls: Being an Interesting Narrative of Life Among the Apache and Mohave Indians』R.B. Stratton.

紋面

　台湾北部の原住民、タイヤル族のイワン・カイヌさんは伝統的な紋面、いわゆる顔刺青を入れていた女性のひとりでしたが、2018年に103才で亡くなりました。翌年、同じタイヤル族のラマ・ピーヘグさんも97才で亡くなっています。ラマさんは日本統治下だった8才の時に紋面を施されたといいます。紋面には民族の歴史と伝統が受け継がれており、それらが守り続けられるのを祈る一方、若い女性にはこれほど痛い思いはしてほしくないとも嘆いていたそうです。

　女性の顔に紋を入れるのは、織り物や縫製をマスターした証拠とされ、また死後虹の橋を渡り天の国へ辿り着くための護守とも信じられました。1895年、日本が台湾の統治をはじめると、紋面は禁止されました。最初に紋面を見た日本人や中国人は、黥面と呼んで気味悪がり、原住民の人々が仲間を差別をするためか、あるいは罪を犯した者への罰として入れたものだと勘違いしました。その結果、原住民たちが子どもたちにいれた紋面は強制的に割除され、大人たちは紋面が禁止されると聞いて、あわてて子どもたちに紋を入れました。そのためこの世代の人たちの紋面はあまりきれいに仕上がっていないという批判があります。現在はこれらの伝統を見直す気運が高まり、新世代へ文化遺産を残そうという活動が行政府、民間ともに起こりはじめています。

　台湾原住民のうちタイヤル、セデック族は男女ともに5〜6才ごろに額に紋を入れ、15〜16才になると男子は成人の証としてあごに入れられました。女子に紋を入れるときは夜明けから日没までかかり、人々はご馳走を用意して彫り師をねぎらったそうです。台湾原住民の男性は敵の首を取ってくる、いわゆる出草をしました。馘首ともいい、草陰から不意をついて襲うのでこの名前が付けられたのです。多くは中国大陸から移住してきた本島人の首が狙われ、出草には子どもや兄弟も同行し、その方法を実践で覚えました。首を村に持ち帰ると祝いの儀式が開かれ、あくる日は粟で餅をついて祝います。ついた餅は、まず刈った首の口のなかに入れ、その後子どもたちや家族が食べたといいます。そして酒を作り、人を呼んで宴会を開きます。南部のパイワン族では、出草した一人前の証として、胸に左右対称に分かれた2本の紋を入れました。この紋は鎖骨から肩甲骨、ぐるりと背中に周り背骨の脇をまっ

すぐに下りていきます。ふたつに分かれているのは蛇の舌の形をあらわし、これは守護神である百歩蛇（ヒャッポダ）という毒蛇を指します。この毒蛇に咬まれると百歩いかないうちに死ぬといわれたことから名前がついたそうです。

　最後の伝統紋を施した男性は、1990年代に亡くなったといわれています。出草は部族の戦士の証しでもありましたが、紋面の禁止とともに日本統治時代に終わりを告げました。首を刈るというのは霊魂と人の肉体との関係を表す宗教的な意味に基づいていたと見られています。播種（はしゅ）や収穫など農耕の儀式の際にも出草は行われました。単なる残虐性の表れではなく、紋を入れることで守護神からの庇護を授かるためとも考えられます。タイヤル語では男の紋（刺青）をマティク、女の紋をマタスといい、紋の青色をマタシと呼びます。

　刺青は部族内の階級を表し、また男女とも死後の世界へのお守りとされました。パイワン族の施す手の紋は悪霊を祓い、死後の世界で先祖たちが自分たちの子孫を見つけやすいようにする独特の模様を印したといいます。彫師は男性、女性の両方が大体村にひとりはいて、シャーマンか地位のある家の者が務めました。女子が紋を入れる際には、まず家族が酒（ミレー酒・小米酒）を持って酋長の家を訪ね、家の格と模様の組みあわせについて相談します。家の格は5種類あり、模様は自分たちで決められるものではなく、家の階級は指の紋で表わされました。

　また他にもいくつか決まりが存在していました。紋を入れる際には村の守護神に貢物を捧げなくてはいけない、子どもの多い家ではそのうちのひとりだけしか紋を入れられない。タブーとして、妊娠している女性の家で紋の施術はしてはいけない、家に不幸があるときには施術は延期にする、などです。

　新月の最初の日や、大きなお祭りの間には行われませんでした。また南部では空気の乾燥している冬の間にだけ行われます。術式は村の片隅にある小屋のなかで、他者が覗くことは禁忌。特に妊婦が間違えてなかに入らないようと、入り口には竹ざおが立て掛けられました。万が一妊婦がなかを覗くと、施術は延期されました。覗かれると彫ら

れていた人の手が腫れて敗血症になったり、最後には紋が消えてしま
うといった迷信もあったそうです。彫っている時に流れる血に悪霊が寄
ってこないよう、先祖の霊が彫師を見守っているともいいます。

　彫師は煤を顔料にし、針でたたいて皮膚の上にこれを擦り込んでい
きます。金属の針が使われる前はミカンやポメロの棘が使われたそう
です。型を写しとるには粉砕したスレート片を水に混ぜ、草の茎やナイ
フの裏で皮膚に塗りました。血止めにはビンロウの液をかけるとよいと
され、施術が終わると手を冷ますのにバナナの葉をかぶせました。傷
口の腫れを引かせるのにサツマイモの葉やシニという唐辛子の葉も使
われました。葉をつぶした汁を手に付けると模様が鮮やかになる効果
もあったということです。

　近年、部族の伝統の復活のためにタトゥーを仕事としてはじめる若
い世代が目立ちはじめています。パイワン族のクジュイ・パトィドレスさ
んは男性、女性にも入れられる伝統的なタトゥー・アートの店を開きま
した。いまでは古い規律に縛られることもなく、顧客は格式の高い家の
紋模様を自由に選んで入れられるという特権があります。模様は女性
には太陽、扉、木槌、クモ、男性は伝統模様である百歩蛇に人気があ
るそうです。

装束と織物

　台湾原住民の人々は紋で守護神の加護をまとい、悪霊や病から自らを守りました。一方、装束のほうは鳥の羽をあしらった頭飾りが特徴的で、パイワン、アミ、サキザヤ、カナカナブ、サアロア族らの着飾るその姿は勇壮なオス鳥の姿でもあり、また自らを華やかに誇示する求愛の舞にも見てとれます。これらの羽飾りは正装としてつけるもので、パプア・ニューギニア、ディラーヴァの大きな頭飾り、アメリカ・インディアン、チュマーシュ族のリガリア（頭飾り）にもよく似ています。また、アメリカ・インディアンのホピ族によるバタフライ・ダンス・フェスティバルと、台湾南東部のアミ族による豊年祭りのリズムはどこかで通じ合って聞こえます。台湾では鷹、鳶、雉をはじめとしてシリスツタル鳥、カイビシ鳥と呼ばれる神話上の鳥が洪水神話に登場します。また、アメリカ・インディアンのチュマーシュ族にはマクティコックという一羽のキツツキが洪水で助かったという神話があり、台湾原住民とアメリカ・インディアンに共通点が見られます。

　他方、マヤ部族と台湾原住民にも共通点がありました。グアテマラ高地のマヤ部族の織るウィピルと呼ばれる伝統衣装は、木綿あるいは羊毛で織った袖無の衣服です。胸の部分にぎざぎざやひし形の横長の模様を入れるのが特徴で、このウィピルの模様にはそれぞれ名前が付いています。一番上の横長の模様はカベタ[*1]や小さな花びらなどが目立ちます。大小の横筋は境界線を意味するバンデリタス、そして縦型のぎざぎざとひし形の模様はスペイン語でセルピエンテ・コン・アドルニトス、マヤのカクチケル語でチャリ・クマーツといい、蛇の模様を意味しています。これらの織物の模様が蛇を表すことから、身体に蛇神を守護として身にまとうという考えがあることがわかります。同様の考え方が台湾男子の胸の紋、百歩蛇の舌の刺青に見てとれます。

　マヤ部族のウィピルのひし形はガラガラヘビのひし形模様でもあり、これはマヤの人々にとって非常に重要な意味を持っていました。そしてこのひし形模様はマヤのピラミッドでも使われています。メキシコのユカタン半島にあるチチェン・イッツァのピラミッドでは春分、秋分の日にこのひし形の半分が太陽の影によって映し出される演出[ショー]が見られます。

ピラミッドの角には9つの大きな段があり、斜角の影が階段の下に鎮座する蛇の頭部とあわさって、この巨大蛇の胴体が影となって現れるという仕掛けになっています。また神殿やピラミッドの急な勾配をのぼるには、階段の端から端へとジグザグあがっていくのがマヤの神官にとっての正式な昇降の仕方でした。これは、いけにえの儀式が行われる時に、神官の歩く姿が蛇のひし形模様をなぞることを意味していたのです。

　台湾では宁麻と呼ばれる麻布で衣が織られます。織り方はいざり機、足を伸ばし腰に帯を巻くバックストラップ方式で、マヤ部族もこれと同じ方法を用います。非常にきめ細かな模様を織るため、たった1m織るのに1〜2年かかることもあるそうです。タイヤル族やパイワン族の女性着物、ラッタンチビラン、ルックスルモアンと呼ばれる伝統衣装にもウィピルと同じような模様が胸の部分に付いています。女子は織物を習得した証として顔に紋を入れたということから、紋と織物とは密接な関係があります。胸の位置の模様は、台湾男子の蛇の紋と同じ意味があり、蛇の紋模様を刺青の代わりに衣服として付けることは守護神を身にまとうことを意味します。紋模様を肩や胸の位置に付けることは女性にとって自らを守る方法だったのです。遠く離れたグアテマラと台湾の間はこうして衣＝文身という橋でつながっていたということです。

埋葬方法

　若いころは軍人でもあった中国の儒学者陳第は、1602年に乗っていた船が台湾に漂着し、その後1年間にわたって台湾原住民の生活を記録することになりました。このとき陳第は1438字からなる『東番記』を記しています。これは最古の台湾実地考察報告書であり、中国人の書いた台湾についての最も早い時期の正確な地理文献であるといわれています。『東番記』には原住民の衣食住、文化水準、政治社会組織、婚姻形態、求愛の仕方、タブー、動植物など風俗、習慣、環境について幅広く書かれていて、そのなかでも原住民による奇抜な習慣と独特の埋葬方法についてこう触れています。

　「人々は首を斬り、肉をえぐり骨を残し、門に掛けている。その門には多くの者の髑髏がかかっていて、人々はそれらを壮士と呼んでいる」、「男子は耳に穴を開け、女子は15～16才になると唇の両脇2本の歯を抜歯する」、「死人が出た家では鼓を打ち、死体を地面に置いて火であぶり、乾かした後、屋内に安置するが棺はない。家を建て直すときは基礎部分に穴を掘って遺体を縦にして埋め、祭は行わなかった」。台湾原住民の埋葬法は琉球、オーストラリア・ダーンリー（エルブ）島、カラフト、サハリンと共通しているともいわれますが、台湾原住民の埋葬方法はひとつではありません。

　清の儒学者林謙光は1687～1691年の間、台湾府の役人として赴任してきました。そして原住民の暮らしぶりを見て『台湾記略・風俗』のなかにこう書きました。「村では死体を家のなかに埋めると、村人が集まり3日後に掘り返した。そのあと死体にアルコールをかけて再び埋めた。棺はなかった。家族が引越しをするときは3度掘り返して新居に埋めた」、「出産直後の母子は水で体を洗う。もしくは川で体を流す。川の水は体にいい薬になる」と詳しく観察しています。

　タイヤル族では先祖を敬い、霊を祈り、日々の暮らしを平穏に過ごしていくための生活上の規範をガガ、またはガヤ、ウトシュと呼びました。これは部族の掟でありまた先祖の教えでもあります。同じガガを持つ集団のなかでは同じ決まりに倣うことが求められ、それを破ると罰を課され、仲間の許しを請わなくてはなりません。例えば人妻と通じた男は、

酒を買い、豚を殺して仲間に謝罪します。婚礼や死者の葬儀についてもこれに含まれ、その掟の罰の強弱は村によって決まっていました。

　タイヤル族はさらに儀式を細分化し、2～3月の播種の時期には各戸で火を灯し、同時に火をおこすのに金属の使用は禁止されました。種まきは夜間行われ、人とすれ違っても話をせず、暗闇のなかで黙々と働くことになっています。また収穫の時期も同じように火を灯し、夜間はやはり黙って収穫を行いました。死人が出ると、西に向けて埋葬され、出草で殺された男は森に捨てられました。結婚、離婚、出産、処罰の儀式などでは、浄化のために豚がいけにえになったといいます。

　台湾本島から海を隔てた孤島、蘭嶼（ランユー）には「バハイ」と呼ばれる半地下の伝統家屋があり、ヤミ族の野銀地区（イヴァリノ）に住む人たちはこの家とともに独特の暮らしを営んでいます。屋根だけが地面に出たこの家屋には「トモク」と呼ばれる親柱があります。居室は板張り、海に向かって縁側がありますが、その目前に土の壁が垂直に立っています。地上には工作房と呼ばれる作業場、涼台、魚の干棚があり、その一角に「パナナデガン」と呼ばれる石があって、これは年老いた家主のくつろぐ背もたれ石、靠背石（もたせいし）です。リプスと呼ばれる人々の共同体のなかでは、死者が出ると、死体の腕と膝を折り曲げて日にあたらないようにし、喪屋は竹垣で囲い、家主の背もたれ石の「パナナデガン」を地面に倒します。こうすることで死んだ人の魂に自分が死んでこの家から離れたことを教え、周りの人々にもそれを告知する標（しるべ）にします。人々は魂が悪霊（アニト）として戻って来ないようにお祓いをし、その祈祷が一週間続けられます。

　ヤミ族では人の体には3つの霊魂（パアド）が宿り、それは頭と両肩に1個ずつあるといいます。死んだ人のパアドは、アニトになって墓地周辺や山奥に留まり、力のあるパアドは海の彼方の死霊の島へ行くといわれています。その時、魂は最初に白い岩の島で休憩し、その後赤い島に到着するのだそうです。

　台湾の原住民には多くの伝説が残されています。原住民部族の数は政府によって16が認定されていますが、実際にはさらに10以上の非認定部族がいます。部族同士は険しい山や谷などの地理的条件に阻まれ、互いに交流する機会が少なく言語が独自に発達しました。しかし伝説のなかにはいくつかの原初の物語が共有されており、その筋書きも似ています。台湾の言語はマレー語の系統に属し、世界で最も広いオーストロネシア言語圏の中心のひとつとして知られています。

　蘭嶼に住むヤミ族の人々の伝説は、フィリピン諸島とも共有されてさらに独特のものです。その一部である「海のサファイア」という話をご紹介します。

「海のサファイア」

　老人が浜辺の岩に立つと、しぶきの向こうに何匹ものトビウオが跳ね上がっているのが見えました。そしてそのなかの一匹が、夜明けの海をかすめるように老人に向かって真っ直ぐ飛んでくるのが見えます。老人は頭にかぶっていた銀の兜を手にとって、海に向かって振り上げ、歌いはじめました。

　　　翼の生えた魚の神よ　わが命の源　生きる糧
　　　ここにいる　われを導き　教えたまえ
　　　この銀の兜に　汝の名を冠し
　　　われはその言葉に忠実に従うもの

　老人が歌い終わると、トビウオたちが老人のいる岩の上に並んでいました。トビウオはそれぞれ違った羽の色や模様をしていましたが、そのなかの黒い翼を持ったトビウオが立ち上がって、老人に語りはじめました。

　「人間よ、お前たちは病気になり体にできものができている。どうしてかわかるか？　わしは黒い翼、トビウオの神だ。我らはこの島に2月から6月にやってくる。お前たちの言葉で我らはアリバンバンという。お前た

ちの病気の原因は我らを捕まえて、それとともに貝やカニやいろんなものを一緒に食べたからだ。いまよりお前たちは我らと他の魚たちと一緒に食べてはならない。さもなくばまた病に苦しむだろう。我らトビウオには新しい皿と鍋を用意しなければならない。そして料理するには別の言葉を使うのがふさわしい。他の魚を煮る時は"デングデンデン"といえ。我らトビウオには"ゼネゲン"といわなくてはならない」

　老人は黙ったまま、昨夜見た夢*1のことを思い出していました。目の前のトビウオの神は話し続けます。

「しかしこれからいうすべての祭礼を開けば、お前たちには多くの食べ物、多産の豚、多様な魚介類が与えられ、島は豊かになるだろう。年のはじめにはトビウオ祭りを開き、それから我らをとってよろしい。夜、小舟を出し明かりを使ってとれ。ただし我ら黒い翼を裸火で料理するでない。さもなくばお前たちも皮膚が破け痛い目にあうぞ」

　蘭嶼（ランユー）は海底火山によって生まれた島で地表は黒い火山岩に覆われていますが、それとは対照に胡蝶蘭が咲き乱れ、別名オーキッド島とも呼ばれる美しいところです。ここには約4000人のヤミ族が住み、黒潮に乗ってくるトビウオの漁が彼らの生活のほとんどを支えています。島の年中行事はトビウオ漁期に深く関わっていて、島の暦もトビウオの訪れる時期をもとに作られています。同時に漁の規則、タブーも数多く存在しています。トビウオの神の話は続きます。

「漁期のはじめは、白い翅（はね）のソソウォヘンをとるための明かりをかざした儀式を行え。これは舟を集めて開くのがいいだろう。その後3月から4月の昼間は、ひとりかふたり乗りの舟で釣るのがよい。4月からはどの大きさの舟でとってもよい。2日に一度はとり方を変え、そして儀式をあげろ。6月はじめにトビウオ漁を終え、終漁祭を開いて歌を歌え」

聖なるトビウオの精よ　ヤミの命　タオの糧

我らは汝の命を給う

また明ける年も　我らの願いを聞きたまえ

そして我らのこぐ舟の上に跳ね

我らの舟を満たし

我らの讃えるこの礼の歌を聞き給え

そして我らは誇りに満たされ　豊漁をねがわん

「干したトビウオは蔵に蓄えよ。しかし9月か10月の満月にはこれらの干し魚をすべて食べ切らねばならない。残った干し魚は捨てよ。親類縁者に贈り物をし、宴をもて。トビウオ漁の間は、他の魚は絶対にとってはならない。もし他の魚がかかったら、放せ。トビウオ漁が過ぎて、もしトビウオがかかったら同じように海に放してやらねばならない。12月はお前たちの祖先や精霊たちを敬い、ことさらシモ・ラパオ（創造神）に雨の恵みを祈らねばならない。この儀式の捧げものはタロイモ、ヤマイモ、キビだ。家畜はヤギとブタの内臓がよいが鶏はだめだ。キビは撒くだけでなく、収穫の日を思い丹念に撒け。2月、漁期の最初の月にヤギとブタをいけにえにし漁の無事を祈れ。トビウオ料理に使う食器はきれいに洗え。この月は実に多くの雑事がある、薪の準備、とれたトビウオを干し、舟を直し、綱を作るのりを集める……」

　　トビウオの神はこうした決まりごとを説明すると、老人の前からいなくなりました。老人はこれらの言葉を村に戻って人々に伝えたということです。
　　ある日漁師のアピアベハンは、サファイアの石をトビウオを干す時の錘にしようと思い、海に向かってこう歌いました。

あなたにサファイアを付けましょう

あなたがこの島の沖を泳いでいたとしても

この港の外に出て

他の村のたいまつの明かりにつられて行かないように

我らが港にお越しください
このサファイアを付けましょう

すると海の向こうからトビウオの神の歌が返ってきました。

せっかくだが
わたしはサファイアに触れたら
すぐ出かけなくてはならない
このトビウオの群れを連れて
ほうぼうの島々を回り　南に帰す　王の勤めがある

　ヤミ族ではトビウオを青いサファイアのように尊んでいます。またサファイアは数珠のように糸に通して銀兜と一緒に干し台にかけられます。ヤミ族は本島の部族と違い、唯一金銀工芸が根付いた部族です。この話にも出てきた老人の銀兜は、叩いて薄くした銀片を円錐形に加工した独特なもので、新しい舟が入水する時、家が建った時、トビウオ期に入った時など特別な日に被ります。出漁の際には船上で銀兜を振って大漁祈願をし、それは別名「トビウオの巫術」と呼ばれています。

l　前夜にトビウオの神が老人の枕元に立ち、「お前たちに伝えたいことがあるので翌朝海辺にくるように」と伝えられている

戦い

Luta

　アメリカ、ニューヨーク州のほぼ真ん中に位置するオノンダガ湖では「ハイアワサ・ベルト」と呼ばれる青いカホーグ貝でできたベルトが作られ、5つのインディアン部族（のちに6つ）の連邦の証として長く継承されてきました。「ハイアワサ・ベルト」はセネーカ、カユーガ、オノンダガ、オネイダ、モホークそして1722年から加盟したタスカローラ族とあわせた6つの部族で共有され、現在彼らを総称して「シックス・ネーションズ」と呼び、国連議会でもこの名称が使われています。

　彼らは世界でも最も古いイロコイ連邦と呼ばれる先住部族国家を数百年にわたり維持し、議会制民主主義のもとを作ったといわれています。「シックス・ネーションズ」はホーデノショーニーと呼ばれる広大な土地で、何世紀にもわたって独自の生活様式を営んできました。

　「ハイアワサ・ベルト」が作られる以前には5つの部族「シックス・ネーションズ」がホーデノショーニーの地をめぐって戦いを続けていました。しかしある日彼らの前に平和の調停者が現われ、白い松の木の下に持っていた武器を埋めさせて、二度と争いごとをしないよう誓いを立てさせたといわれています。そしてこの調停者のもとにホーデノショーニーの次の世代も平和に暮らせるよう、よい心（グッド・マインド）をもって話し合いが続けられる場所を作ることになりました。それぞれの部族の酋長たちはひとつの法律「大いなる平和の法」に従い、各部族はお互いを尊重し、1722年には6番目となるタスカローラ族も含めて、ホーデノショーニーの地を7世代先の未来に向けて豊かで平和な所にしよう誓ったのです。文字を持たなかった人々はこの誓いを忘れないために、青いカホーグ貝のベルトをひとつ作りこれを「ハイアワサ・ベルト」と呼んで大事に保管しました。このベルトの中心には白い松の木が描かれました。

　「ハイアワサ・ベルト」には、ホーデノショーニーの基本法「大いなる平和の法」があらわされ、これが平和主義と民主主義の最も古い例だといわれています。アメリカ合衆国の政治家であり独立宣言の草案者だったベンジャミン・フランクリンは、1754年のオルバニー評議会で「無知な野蛮人の6つの国があのような連合体を形成することができ、長きに

わたってそれを維持し、揺るぎないものとしているのに対して、10か12のイギリス植民地が同様の連合体を形成できない〔中略〕というのはおかしなことだ。われわれの方がずっと連合体を必要としており、利点も多いに違いないというのに」と感嘆したそうです。当時のアメリカ政府はホーデノショーニーの「大いなる平和の法」からアメリカ合衆国憲法を草案したといわれています。アメリカ先住民の民主主義の理念が自由を求めて植民地アメリカにやってきた移民に大きな影響を与えたのでした。その後、19世紀には、イロコイ連邦の男女の性差の関係に関する概念が、米国フェミニズムの主な創始者たちに大きな影響を与えたともいわれています。

　かつて皆既日食があったという言い伝えにより「大いなる平和の法」が実際に結ばれとされ、同時に「ハイアワサ・ベルト」が作られたのも1142年と割り出されました。トレド大学のバーバラ・A・マンとジェリー・フィールズの研究によると、イロコイ連邦の歴史は、西暦12世紀までさかのぼると言及されています。しかしこの時期を巡っては早過ぎるという白人社会からの反発を受け、こうした論潮は現在も保守派のなかに色濃く残っています。

　1613年のある日、モホーク族の人々は前触れもなく自分たちの領土に入ってきたヨーロッパ人の入植者を見かけました。彼らは木を切り土地を広げて農地や家を作っていました。この見かけない新入りたちはいろいろと着飾っていて、髪は長く、また鉄のなべや釜を持っていました。彼らには生活する場所が必要だと考えたモホーク族は、オノンダガ族に使者を送り、ホーデノショーニー議会を開くべきだと伝えました。会議ではこの訪問者の真意を確かめに、訪問団を送ったほうがよいということになりましたが、これまで聞いた事もないような言葉をしゃべる人たちとの意思の疎通は難しそうでした。そのため両者が話し合いをはじめるのに、少し時間が必要でした。

　話し合いが持たれると、ヨーロッパ人とホーデノショーニーの人々は、まず最初にお互い会った時にどう挨拶を交わすか決めることにしました。大きな帆船でやってきた入植者たちは自分たちのことを「父」と呼

び、ホーデノショーニーの人々を「息子」と呼ぼうと提案しましたが、ホーデノショーニーの人々は「そうではない。それよりもお互いを兄弟と呼んではどうだろうか。そのほうが対等だ」と持ちかけました。やがて両者はお互いの違いについてさまざまな発見をし、理解するようになりました。そしてこのホーデノショーニーの新しい兄弟は、オランダと呼ばれるヨーロッパの国々のひとつからやってきたこともわかりました。

　両者は新たに条約を定めることになり、そこで3つの約束事が決まりました。第1に友情。ホーデノショーニーの人々とオランダ人は友情を持って生きてゆくこと。第2に平和。ふたつの種族は常に平和を求めること。そして第3に永遠。この合意を永遠に持ち続けることでした。この3つの約束をもとにして、ホーデノショーニーの人々は青地に白の「グスウェンタ・ベルト」を作りました。ベルトは青いカホーグ貝に穴を開けてひもを通したものです。そしてそれぞれの生き方が白い2本の縞で表わされました。

「1本目はわれわれの白い兄弟の船の道で、この船には白い兄弟の法律と宗教と家族が乗っている。もうひとつの白い縞はわれわれのカヌーの道だ。ふたつの種族は並んでそれぞれ人生という川を進んでいく。しかし一方が一方の舵を取ろうとしてはならない」、「われわれふたつの種族は友情と平和とともに永遠に旅を続ける、草原が緑である限り、水が流れ続ける限り、太陽が東から昇り、西に沈む限り、そして母なる地球がわれわれとともにある限り」（ホーデノショーニーの人々による口承）

　ホーデノショーニーの人々は文字を持っていなかったので、ベルトを誓約書の代わりにしたのでした。一方オランダ人は鉄の鎖でベルトを結ぶことを提案し、そしてこのベルトを「友情の鉄の鎖の誓約書」と呼び力強い結束を強調しました。

　しかしこの後イギリス人の支配が強くなると、代わりにイギリス人がホーデノショーニーを訪れ、鉄よりも錆びない銀でベルトを結んで新しい誓約を結ぶよう提案しにきました。そこで「グスウェンタ・ベルト」は

「友情の銀の鎖の誓約書」と呼ばれることになったのです。しかしオランダ語にも英語にも誓約書の中身について書かれた記録はどこにも残っていませんでした。そして、ホーデノショーニーの人々と交わしたはずの約束事は、その後続々と無視されることになってしまったのです。

2013年8月1日、青い2本縞の「グスウェンタ・ベルト」の400周年の記念式がオノンダガ湖畔で開かれ、多くの参加者が集まりました。オノンダガ族のタドダホ・シドヒル氏は集まった人々に向けて「この条約も大事だが、この湖の汚染の現状をもっと広く知ってもらう必要がある」と話しました。現在のオノンダガ湖は水銀汚染が進み、泳ぐことも魚を食べることもできなくなっています。環境問題についてふたつの種族は訴えを続けて行くという結束を誓い、参加者はカヌーに乗って湖から命の川、ハドソン川を二列になって下っていきました。

イロコイ連邦（ホーデノショーニー）は1794年、アメリカ合衆国大統領ジョージ・ワシントンと直接、土地の所有権、合衆国政府による非介入などについて細かに決めた、カナンデーグア条約を結んでいます。これはアメリカ合衆国が最初に結んだ外交条約とされ、その証として「ワシントン・ベルト」が作られました。

しかしその後ホーデノショーニーの土地はアメリカ政府によって次々と奪われ、川や湖の水質汚染が進み魚も貝もいなくなり、一方的に条約が無視されているとして、人々は政府に条約の遵守を訴え続けました。オノンダガ族の抱える問題は水質汚染、気候変動、パスポート、税金まで広範囲に及びます。土地の権利については、人権裁判所に署名を提出するなどの抗議活動を続け、社会の関心を呼び起こそうとしています。彼らの先祖たちがどのようにして、環境にも、そして同胞部族に対しても良好な関係を千年以上続けられてきたのか、その知恵は現代社会の問題にもつながるものです。オノンダガ族のシド・ヒルは、「カナンデーグア条約を知ることで、いまのオノンダガ族が伝えなくてはならない問題が明らかになるのです」、とグウェンドレン・ケイツ監督のドキュメンタリー映画『The Good Mind』（2016年 アメリカ）のなかで語ります。ジョージ・ワシントンはホーデノショーニーの自治を認め条約を守

ることを一度は約束しました。その条約を認証する証としての「布」、クロス・ペイメントはいまでも毎年オノンダガに届いています。しかしニューヨーク州はカナンデーグア条約を反故にし、彼らのほとんどの土地を盗んでいったといいます。また、オナンダガ湖は、1000年前からホーデノショーニーの地とともに平和調停者の名のもとでモホーク、オネイダ、オノンダガ、カユーガ、セネーカ族が守ってきたところでした。それがいまでは汚染され、上流では汚泥とアルカリ性の水が土壌から湧き上がってきます。それでもオノンダガの人々はこれ以上の荒廃から環境を守り次世代へつなげるため、日々活動を続けています。

　2016年2月22日、オバマ政権はカナンデーグア条約締結222周年を記念してセネーカ、カユーガ、オノンダガ、オネイダ、モホークそしてタスカローラの6つの民族、「シックス・ネーションズ」の代表をワシントンのホワイトハウスに招待しました「シックス・ネーションズ」にとって、ホワイトハウスへの訪問はジョージ・ワシントンとの調印以来はじめてとなる、歴史的な出来事になりました。式では「ワシントン・ベルト」に付帯していたひも結びのペグが代表団に返還され、人々は条約の有効性を認めるクロス・ペイメントの「布」をホワイト・ハウス係官から受け取り、その後ベルトを広げて記念撮影を行いました。6つの部族はイロコイ連邦を標榜し、いまでもアメリカからの独立を主張しています。

ｌ　イロコイ連邦　シックス・ネーションズを指す際に使われている。使っているのは主にイギリス、フランス語圏。ホーデノショーニーの人々（シックス・ネーションズ）は「ホーデノショーニーの地」と呼んでいる。シックス・ネーションズを指す者の立場によって呼称が変わる

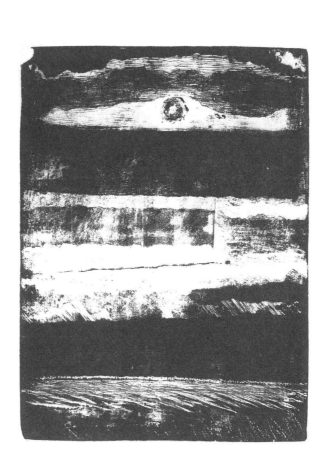

「神は私をインディアンとして作り、保護区のインディアンとして作ったのではない。すべてのインディアンに知ってもらいたい。私はこの国のいかなる土地も売りたくはない。白人たちはいままでどんな条約を我々と交わしてきたのか？　ひとつではない。私が子どものころ、ラコタ族はこの世界を所有していた。陽が昇り、陽が沈むこのラコタの土地をだ。1万人の男が戦った。いま戦士たちはどこにいる？　だれが彼らを殺したのか？　我々の土地はどこだ？　誰の持ち物だ？　白人たちはなんていった？　『俺たちが盗んだと？』そして私を指さして悪いインディアンだ……。自分が自分のものを愛することは悪いのか？　私の肌が赤いのは邪悪なのか？　私はラコタ族だ、なぜなら私は私の父が生き、そして私は自らの民族と国のために死ぬことをいとわないラコタ族だからだ。」
───────シッティング・ブル[★1]

　1800年代におよそ60万人いたといわれていたアメリカ・インディアンは、度重なるアメリカ軍との戦闘と病に倒れ、1860年にはおよそ25万人までに減りました。アメリカ独立戦争の目的は、イギリス本国の介入を阻止しつつ、新世界で先住民を排除し、白人の文明・資本を建設し、農場と居住地を広げ、さらに鉱山や金脈などの資源を押さえることでした。白人の多くは、自分たちを「まじめ」で「神に敬虔」であり「生産的な人間」と思い、インディアンを「無知」、「野蛮」、「獰猛」、「不衛生でなにを考えているかわからない生き物」だと思っていました。

　一方、インディアンは自分たちは「正直」で「神に敬虔」であり「誇りある民族」であると自認し、白人を「貪欲で節操のない子ども」のようだと見ていました。欲しいものはまるで草原の草でさえ囲いを作って自分たちの物にしてしまう。なによりもまして白人達は「うそつき」でした。幾度とない「うそ」によってインディアンは土地を奪われ、「偉大なるラコタ族」は生活の基盤を失い、白人の作った塀のなかに暮らし、慈悲を求めて暮らさなければならない。インディアンたちは貧困と疲弊と病にあえいでいました。

　そんななか、ある日何万というインディアンたちの目の前に救世主である預言者ウォボカが現れたのです。"夢と希望に満ちた新しい世界

を示してくれる。そして命を落とした戦士たちは蘇り、この世界の主だったインディアンはもう一度かつてのように大地を走り、狩をし、大自然のなかで再生する"。そのような教えがウォボカによって広がり、戦いに疲れたインディアンの一縷の希望になっていきました。

"インディアンたちは踊らなくてはならない。偉大なる精神が春にやってくる。その恵みはすべての者に厚く、すべての死んだインディアンたちは強く、若い姿で蘇り、目の見えない老人は再び見えるようになるだろう。インディアンは山に登り、白人から逃げろ。やがて洪水が起き、白人は皆溺れて死ぬだろう。そしてインディアンより他に誰もいなくなり、この土地に再び恵みがもたらされるだろう。踊り続けよ。踊らない者、これを信じない者は足元くらいにしか育たない草と同じで、やがて野で燃やされてしまうだろう"

ウォボカはアメリカ西部ネバダ州のパイウート族に生まれた預言者で、彼の死んだ父親はタビボという有名なシャーマンでした。

彼の父親は、ある日山に入ると「これから幾つかの満月の夜の後に大地震が起き、家々は洪水に呑み込まれ、白人だけが滅びインディアンは生き残る。そこにインディアンたちのパラダイスがやってくる」という神の声を聞き、やがてゴーストダンスのもとになる踊りを考案したといわれています。息子のウォボカは父の亡き後、農場で働いていましたが、体をゆすって啓示を受けるシェイカー教を信奉し、やがてこれを参考にして「ゴーストダンス」を生み出したといわれています。そしてウォボカも父のように予言を広め、踊ることで神に祈ればパラダイスが出現する、と人々に説きました。

ウォボカは予言をインディアンたちに話し、実際に炎の前でゴーストダンスを踊りはじめたのだそうです。そして人々がそれに次いで踊り出すと、ウォボカは歌を歌いはじめ深夜まで踊りが続いたといいます。そしてゴーストダンスと歌を覚えたインディアンたちは部族の許へ帰り、ネバダ、アリゾナ、ダコタへとゴーストダンスは野火のように広がりました。

ゴーストダンスには老人から子どもまでが加わって人々は昼夜かまわず踊り続け、長いときは5〜6日間に及んだといわれています。戦いで死んだ者が生き返ると聞いて、とくに死んだ夫の再生を祈った女性たちが気絶するまで踊ったそうです。[*2]

　このウォボカという預言者の噂は1889年の夏の間にインディアンたちからの伝言や手紙によってシッティング・ブルにも知らされていました。シッティング・ブルはノース・ダコタ、スタンディング・ロックのラコタ族の長であり有名な戦士でした。1890年、アメリカ北部大平原（グレート・プレイン）で白人との戦いによって死活状態に追い込まれたラコタ族が暮らしたサウス・ダコタ保護区は、シッティング・ブルを筆頭にゴーストダンスの中心地になっていきました。
　踊りが広まるなか、「インディアンたちが来月蜂起するらしい」とサウス・ダコタ州ピアの市民がワシントンの内務省に手紙を書き、複数の新聞紙がインディアンのメシア（救世主）の再来を取り上げたため白人たちの間でデマが流れ、騒ぎが大きくなりました。この事態を受けて内務省はラコタ族の狩を禁止しました。狩を禁じられたことで食べ物を得られず、夏にはラコタ族の多くの子どもたちが病気と食糧難で餓死し、怒った人々が続々とゴーストダンスに集まってきました。
　一方で、再び預言者ウォボカに会いに行ったラコタ族内の仲間が新たな情報を持ち帰りました。「ウォボカと一緒にいたネバダのゴーストダンサー（パイウート族）たちは先祖の霊を訪ね戻ってくると、白人と白人の手先になったインディアンたちを殺す水（洪水）と火（大火）と風（嵐）の話をした」、「そして聖なるゴーストダンス・シャツを着て踊れば、青い軍服（ブルー・コート）の白人たちが銃で撃っても弾を通さない」と。そしてブルー・コートの弾を通さないと信じられた聖なるゴーストダンス・シャツはあちこちでつくられました。皮でできたこの服の胸にはシンボルマークの鳥（カラスまたは鷲）、月と星が描かれ、周りを青く塗られました。

　こうしてゴーストダンスは12州、約30の部族に広まり、拡大を怖れたアメリカ政府はダンスの禁止命令を出しました。内務省はゴーストダン

スの流行はシッティング・ブルの陰謀だと考え、アメリカ軍の部隊がサウス・ダコタ保護区に到着し駐留をはじめました。

　12月15日未明、シッティング・ブルの丸太小屋はインディアン・ポリスに囲まれました。ポリスは、「逮捕にきた、抵抗すれば殺す」と家族と寝ていたシッティング・ブルを起こして小屋に踏み込み、シッティング・ブルは両脇を抱えられ身柄を拘束されましたが、ラコタ族のゴーストダンサーたちが駆けつけポリスたちを囲みました。ダンサーたちは威嚇をし、シッティング・ブルもポリスの手を振りほどいてにらみ合いになりました。その後双方撃ち合いとなり、軍が駆けつけた時にはシッティング・ブルと警官6人を含む14人の死体が、朝陽を浴びて転がっていたということです。

　シッティング・ブル亡き後、後任のビッグ・フットは一族を連れてシッティング・ブルの朋友であったレッド・クラウドのいるパインリッヂ管理事務所に向けて出発しました。一行は白旗を掲げ、女性、子どもたちを含めた300人が雪のなかを歩いて、日暮れになってようやく管理事務所に近いウンデッド・ニーの町に到着し野宿しました。彼らを待ち伏せていた軍の部隊もその周りを取り囲むようにしてテントを張りました。現地に到着した軍のフォーサイス大佐は「翌朝インディアンたちを武装解除させオハマ刑務所に連行する、降伏しなければ殺す」と伝えました。

　翌朝、雪の上に太陽が登ると軍隊ラッパが鳴り、馬に乗った兵士たちがインディアンのテントを取り囲んでこう伝えました。「朝食後、全員でパインリッヂ管理事務所に行くことになった」。そして軍によって用意された朝食がインディアンたちに配られ、その間兵士たちはテントのなかの斧や銃を没収しはじめました。そのとき、インディアンのひとりがおもむろにゴーストダンスのステップを踏み出します。彼は次第に夢中になり、踊り続けると、近くにいたもうひとりが銃を空に構えて奇声をあげました。脇からふたりの下士官が現れ、銃を放すようにいいましたが、彼らには聞こえません。そして銃声がひとつあがります。それがゴーストダンサーズ、そして多くのインディアンたちの見た夢の最後になりました。

1890年12月29日、ラコタ族の男、そして女子どもが、フォーサイス大佐指揮する第7騎士団によって殺されました。ビッグ・フットが撃たれた後、男たちや逃げ惑う女子どもが標的にされ、その光景はまるでバッファローの群れを追う狩のようだったそうです。「リトルビッグホーンの戦いを忘れるな」、「カスター将軍の仇だ」と叫びながら打ち続ける兵士、ホチキスガン（連射砲）は無慈悲にもインディアンたちの体を砕き、射撃は朝から午後まで続きました。実際の犠牲者は250～300人だったといわれています。負傷者51名はパインリッヂ教会に運ばれ数名が後に死亡、雪上の負傷者は放置され、そのまま多くが凍死したと見られています。年が明けた1月2日と3日に死体が運ばれ、ホチキスガンの置かれた丘に山積みにされた後埋められました。

　この虐殺はアメリカ軍と先住アメリカ・インディアンの長きにわたった戦いに終わりを告げた、歴史的事件といわれています。白人の銃の弾さえ通さないと信じられたインディアンたちのゴーストダンス・シャツ。そのシャツには彼らの空を舞う自由の鳥の姿が、青く染め抜かれていました。

「どれだけの時間がたって終わったのか、わからなかった。〔中略〕人々の夢がそこで死んだ。美しい夢だった……インディアンの希望は壊され、ばらばらになった。心を寄せるものがなくなり、聖なる木も死んでしまった」
――ブラック・エルク（ラコタ・インディアン）

「白人たちは数多くの約束事をしたのでそのすべては覚えていない。どれも一度も守られたことはなかったがひとつだけあった。それはやつらが我々の土地を取り上げるといったことだ。それはその通りになった」
――レッド・クラウド（ラコタ・インディアン）

「パイオニア紙は以前から主張してきた通り、我々の安全保障はインディアンたちの完全な根絶にかかっている。何世紀にもわたり厄介者

で、我々の文明を守るためには、いつまでたっても飼いならせないこの
野生の生き物をこの地上から追い払うしか方法はないのである」
——L. フランク・バウム（元パイオニア紙記者／作家）

1　シッティング・ブル　本名タタンカ・イヨタケ（1831−1890）アメリカ・インディアンの部族、ラコタ
　　の戦士。彼を長として死活状態にあったラコタ族がまとまり、インディアンの歴史上最後となる抵
　　抗を続けた。長（チーフ）であり酋長ではない
2　シッティング・ブルは「死者が生き返る」という予言には懐疑的だった
3　インディアン・ポリス　インディアン・エージェント（ここでは「管理事務所」と訳）と呼ばれる政
　　府の組織に属する。インディアンと白人との間の問題に介入し、米政府の法律に従わせる、または
　　軍と連絡する中継役

カチナ[*1]とは、神の遣いとしてアメリカ・インディアンのひとつであるホピ族の人々を見守り、暮らしを助ける自然界の精霊のことです。青いトルコ石を顔に見立て、インディアンの装いをした「カチナ人形」は世界中で親しまれています。カチナは400以上の種類があるといわれ、太陽、星、天の蝶、雲、雷、トウモロコシ、カラス、鶏、アライグマ、狩人、ランナーなどさまざまな姿で現れます。また現実と神話の世界の橋渡し役としてホピ族の信仰を支えており、精霊カチナにまつわる説がいくつかあります。

かつて人々はカチナと一緒に地上で住む場所を探して、いまのアリゾナ州カサ・グランデ辺りに住んだといわれています。カチナは人々の暮らしを助けましたが、ある日ホピ族は敵に襲われ、カチナは地下の世界に帰り、人々も土地を離れました。あとにはマスクや飾り物などの装飾品が残り、それから人々はカチナに扮した祭りを行うようになったということです。この伝説は過去の部族間の争いを伝えたものと見られています。

もう一説は、かつてカチナは雨や陽の光をホピ族に届け人々とともに平和に暮らしていましたが、ホピ族の人々が次第にカチナの恩恵を当たり前に思ってしまい、ある時カチナは怒って地下の世界に帰ってしまったというものです。しかしカチナは別れ際に仲良くしてくれた男女に装束やマスクの作り方を教えました。人々はカチナがいないのに気づきましたが時すでに遅く……。その後人々はカチナが帰ってくるようにと祈りを込めて祭りをはじめたと伝えられています。いまもカチナたちを怒らせると雨が降らないといわれているそうです。

ホピ族の神話では、これまで世界は過去に3回洪水や地震などで破滅し、いまの人類は第4の世界である「トゥワカチ」に生きているといいます。過去の破滅は人が約束を破り、地球を汚して争いごとに明け暮れ、そのたびに世界の終わりが創造神のタイオワによって宣言されました。

第1の世界はタイオワの甥のソトクナンが地表を焼き尽くし、第2の世界はポカンギョヤとパロンガホヤの双子の兄弟が地殻を捻じ曲げて生

き物が住めなくなり、第3の世界は大洪水で地上が洗い流されました。

　これまでに多くの生き物が死に、そして一部の動物と人間が第4の世界に生き残っているとされています。

　地球神マーシャウは現在のアリゾナ州とニューメキシコ州にまたがる大地に降りて、人々にここに来て住んでも良いと許しを与え、ただし争いごとをせずに互いに協調して暮らすよういいました。

　地上の土地は本来人間のものではなく、土地を売り買いするのはマーシャウとの約束に反します。人間たちを集めるとマーシャウはトウモロコシを置いてどれでも好きなのを選ぶようにいいました。人々はそれぞれ自分たちの好きなのを選びましたが、最後に一番小さいトウモロコシを選んだのがホピの人々だったそうです。そのためマーシャウがこれに関心して、この人たちをホピ＝「平和」と名づけたといわれています。

　1909年に大陸横断鉄道が開業すると、大勢の観光客がホピ族のいる保護区にくるようになりました。カチナ人形を目にした観光客が土産品として買い求め、それをきっかけに全米にカチナ人形の存在が知られるようになりました。ホピの人々は、もともとカチナ人形を子どもの玩具にしたり、家に置いたりしていましたが、しだいに他の部族とともに生活の収入源として人形を作るようになっていきました。しかし世界中に蒐集家が現れるようになると、伝統的な製法を続けることは難しくなり、カチナの工場も建てられて、ついには贋作も出回るようになってしまいました。

　かつてカチナ人形には綿の木の根が使われたそうです。リトル・コロラド川へ行くとちょうどいい流木があったことから、ホピの人々はよく出かけていきました。ホピ族がオライビ村を含むメサと呼ばれる3つの台地に住みはじめたのは紀元1300年ころといわれています。ホピ族の人々はトウモロコシを栽培し木綿で織物を作って暮らしていました。

　1540年ごろ、ホピの村にスペイン人がやってきました。スペイン人たちはホピの人々をプエブロ（村人）と呼びました。ホピ族はスペイン人たちをいったん迎え入れましたが、突然の侵入者にどうすればよいのかわからず、戸惑いながらも彼らのいうことを聞きました。そしてスペイン

人たちは抵抗しないホピ族を奴隷にし、教会を作らせ、宗教を禁止し、代わりにキリスト教に変えようとしました。するとその後、不思議と雨が降らなくなったそうです。やがて争いが起き、ホピ族のひとりが火あぶりにされ、また男たちは手足を切られました。ホピ族による反乱は起きませんでしたが他のインディアンたちが蜂起し、スペイン人宣教師は崖から放り投げられて殺されました。すると再び雨が降りはじめ、作物が育ちはじめたということです。

　何年かして牧師たちがもう一度村にくると、人々は牧師をキバ（半地下住居）に入れて火あぶりにしました。それから彼らは来なくなったということです。しかしこの時代にスペイン人から交易と放牧を学んだホピ族は、それを取り入れ新しい生活をはじめました。

　それからしばらく経って、ホピ族のもとに白人（バハナ）たちがやってきました。今度はハンターや探検家たちでしたが、その後再び牧師がやって来て、ホピ族に教会を建てるよういいました。

　1870年、アメリカ政府はホピ族の暮らすオライビ村の近くに事務所を建て、1882年にはホピ・インディアン保護区を定めて、それまでホピ族の暮らしてきた土地の範囲を1/10にまで小さくしてしまいました。

　政府はホピ族の子どもを学校に通わせようとし、また土地の使用についての協定を結ぼうと試みましたが、ホピ族の半分の大人たちはそれに反対しました。なぜならバハナたちのいう進歩や発展は、やがて悪い方向に向かい世界の破滅につながると考えていたからです。

　しかし、ホピ族のなかにもバハナたちのいうことを聞こうと主張する人々がいました。彼らは親米（フレンドリー）派と呼ばれ、バハナたちのいうことを聞いて仕事とお金を手にしました。他方アメリカ政府に反対する人々はホピ族の酋長のユキウマを中心に伝統（ホスタイル）派を作りました。1906年9月7日、政府から警察がくると村は分裂状態になり、ユキウマと彼を支持する350人は衣服も食料も持たせられないまま村を追い出されました。ユキウマは人々にこう話したといいます。

「やつらには村はあるが、われわれにはこの大地がある。さあ恐れるものは無くなった。大地がわれわれに食べ物を与えてくれるだろう」

その後彼らはホテビラの地で新しい村を作りました。しかし今度はアメリカ軍が来て、ユキウマは捕まり、刑務所に入れられました。その間インディアン事務所ではさまざまな協定や宣言書[*2]が作られ、ホピ族の保護区はその後も改編され続けました。

　第二次世界大戦がはじまると、アメリカ政府はホピの人々にも戦争に行くように命じました。反対した者は刑務所に入れられました。そして何年か経ち、刑務所から出てきたホピの長老たちは日本の広島、長崎に投下された原子爆弾のことを知って、とても驚いたといいます。それはホピ族に古くから伝わるペテログリフのマーシャウの教え、「パス・ウェイ」の絵の予言とぴったり重なっていたからです。

　ペテログリフとは岩を削って昔の人が残した壁画のことで、アリゾナ州の平原のあちこちに残されています。ホピ族の祖先が残したという「パス・ウェイ＝人の通る道」のペテログリフには左に太陽、そして隣に地球神マーシャウが立っています。人間が誕生し、人の通る道は上下2本の線で表され、下の線は自然と共存する道で、そこにはふたつの丸が存在し、過去2回の世界大戦を表しているといわれています。

　上部に描かれた線は技術の進歩や産業革新を表し、やがて急な勾配の階段に変わり文明の発展はそこで破綻し終末を迎えるといわれています。しかし絵の下のほうに書かれている線をまっすぐ進むと平和な生活があり、人類は生き続けられるといいます。彼らの祖先が残した言葉のなかにはこのような言い伝えがあるそうです。

「最後には大きな灰のひょうたんが現れ、太陽よりも明るく光り地球は4度破壊され、人類は破滅し永遠に暗闇のなかで四方に向かって鳴き続けるだろう[*3]」

　1992年12月10日、国連で開かれた記念講演会で、ホピの長老トーマス・バニヤッカはルピキの壇上からメッセージを送りました。

「私たちの先祖は、ガラスでできたルピキという建物に将来人々が集

まって平和について話しをすると予言しました。それはこの建物のこと
です。私は今日ホピ族のメッセージを届けにきました。マザーアースは
偉大です。私たちはその子どもなのです。いつも母なる地球に食べ物
を求め、母の上を歩いています。しかし人間は地球を汚し、動物や植
物をむやみに殺し、知恵の使い方を間違い最初の世界は破滅しまし
た。

　ここにいる皆さん、世界の先住民やそのリーダーたちに門戸を開き、
声を聞いてください。〔中略〕ホピ族のパス・ウェイにはもうひとつの丸
が描かれています。私たちはこれを止めなくてはなりません。軍を止め
て平和、正義、幸福、信仰の自由、平等、人権を世界中で実現しなけ
ればいけません。

　木を切るお金は要りません。生き生きとした川があり、人々には生ま
れ育った土地がありました。しかしこれはずっと破壊され、何千という
人たちが住む場所を失って苦しんでいます。私の祖父母がよくいって
いました。白人の皆さんも聞いたことがあると思います。うそをつくな。
人の物をとるな、これは皆さんの聖書にも書かれています。誰かがこ
れを読み違えて悪く解釈しているのです。

　大戦がはじまった時、私は軍隊に行きませんでした。すぐにFBIが来
て私は刑務所に入れられました。私は軍には入りたくなかった。地球
の反対側に行ってそこの人たちの生活を壊したくなかった――」

　世界中で愛されるようになったカチナ人形。彼ら精霊は、まだわれわ
れを助けようとするでしょうか。それともこの人類をあきらめ、自分たち
の世界へ帰ってしまうのでしょうか。

　今日わたしたちの周りで起こりつつある変化の一つひとつは、まるで
ホピ族の人々の残した言葉と重なっているように思えます。社会に見ら
れる数多くの行き詰まりはわたしたちを疲弊させ、いっそのこと巨大な
力によってすべて洗い流されてほしいというような願望が芽生えてくる
のも事実です。

　しかしわたしたちの日常が、軸から外れた車輪のように転がっていく
ようなことになるのは誰も望んでいません。伝説に使われる浄化という

言葉にはどこか人を陶酔させ、思考を麻痺させる力があるようです。そ
れよりもわたしたちは少しばかりの勇気を持って、一つひとつの問題に
目を向けることがまず最初にできることだとわたしは考えています。

　ホピの神話では世界は3度終わりを迎えました。それでも人々は生き
延びたといいます。彼らの伝説は最後まであきらめずに生きようとした
人間のたくましさと知恵を改めて思い出させてくれる、温かい励ましの
メッセージなのかもしれません。

1　言語学上カチナは「生命の父」又は「精霊の父」を意味し、カチー（生命・ライフ）とナ（父・ファ
　ーザー）からなっている。しかし多くのホビ族はカチー（もたれかかる）とし、人々と「座る者」の意。
　「人々が雨や豊作がほしいという願いを聞いてくれる者」のことを指しているという
2　インディアン事務局長のレオ・クレーンは軍の関係者と1911年に「ユキウマは狂っている」という
　宣言書にサインしている
3　ホピの予言といわれるもので「灰の詰まったひょうたん」を原爆と解釈した。;"gourd full of
　ashes".

　あるとき、青と白の絵画であるアズレージョはどうやって生まれたのかを疑問に思い、そこから人が絵を描きはじめたというのはどういうことだったのかと、考えたことがありました。たとえば人は空を見上げ雲が浮かんでいるのを見て、そこにあるさまざまな形や青と白が混じりあうのを、「ああ、あれは馬のようだな」とか、「魚のようだな」などと想像することがあります。わたしたちの祖先も実はそのようにして雲の姿形を自分たちの世界の生き物やものと重ねあわせて、想像力を豊かに膨らませ、心を遊ばせていたのではないでしょうか。それがやがて描くという行為につながり、その片鱗がわたしたちのなかにいまでも残っていて、青と白の絵を見た時に懐かしさを感じ、目や心に自然と入ってくるのかもしれません。

　人は幸せを求めようとする時、それはお金であったり、家や安定した暮らしであったり、家族あるいは愛する人であったり、人それぞれに違いはあるでしょう。しかしそのなかには、青いなにかを手にしようとする人の心も入るのではないでしょうか。インディゴブルーのぼろきれ、ケツァル鳥の羽根、波間を走る青い光……。人の本能に色が付くのなら、それは心の奥底に咲く花の色に例えられるかもしれません。それはいつも人のそばにあり、心を満たし、人間を裏切ることなく、それを欲した人の心を大きく包みこむものであるのではないかと思います。

　わたしは今回、行く先々でさまざまな青に出会うことができました。オリーブ・オートマンの刺青はモハべ族からの彼女への愛でした。その刺青のもととは、いったいなんであったのでしょうか。もしかすると太古、雷に打たれやけどを負った皮膚の跡を神の寵愛として受け入れ、自らの力でその文様を入れることで神意に応えられる存在である証を、人は天に示したかったのかもしれません。トルコ石もカホーグ貝のベルトもシャツに染められた青い鳥も、その愛を吹き込まれた特別な存在です。この本を書き終えるにあたり、青という色は人を揺り動かす大きな力のことであると、あらためて感じます。

　本書実現のためにご進言、ご助力下さいました多くの皆さまへ、この場をお借りして深くお礼を申し上げます。執筆に際しては、編集部の甲斐菜摘さんに大変お世話になりました。未知の世界へ足を踏み出そうとする気弱なるわたしの旅立ちの背中を押して下さり、筆勢を得ることができました。また文法の誤りや読みの流れについて感想を率直に伝えて下さいました江波戸陽子さんにも、この場を借りてお礼申し上げます。また隕石、石に関しては中村功氏にご指導を頂きました。作品写真提供、経歴作成にあたりましては「ガレリア・ラットン」のアナ・マリア・ビエガシュ氏、ティアゴ・モンテペガード氏のご協力をいただきました。ここに謹んでお礼申し上げます。

　本書が皆様のお手元に永く置かれることを心より願っております。

令和2年8月1日
白須　純

［参考文献］
Referências

【芸術】
Arte

大アズレージョ画／青い街

"*Estação de São Bento*", Sistema de Informação para o Patrimóonio Arquitectonico, FORTE DE SACAVEÉM Direção-Geral do Património Cultural, Ministério da Cultura, Portugal ポルトガル政府文化省文化遺産HP

Diffie, Bailey Wallys., "*Foundations of the Portuguese Empire, 1415-1580*", Europe and the world in the Age of Expansion Vol.1., Contributor; Winius, George Davison., University of Minnesota Press, 1977. p.54.

"*Flag of Ceuta*", FOTW, Flags Of The World website.

"*Fodor's Morocco 4th edition*", Fodor's Travel 2009, p.47.

"*Insight Guides Morocco*", Apa Publications, UK 2012. p.140.

Fodor's. *op.cit.*, p.48.

Lebbady, Hasna., Al-Labadi, Hassan. "*Women in Northern Morocco: Between the Documentary and the Imaginary*", Alif: Journal of Comparative Poetics No. 32, The Imaginary and the Documentary, / Virtual & Documentary: Cultural Studies of Literature, History and Art (2012). Department of English and Comparative Literature, American University in Cairo and American, University in Cairo Press, pp. 127-150.

"*Morocco DK Eyewitness Travel Guides*", DK Publishing, USA, 2002/2010. p.142.

Jacobs, Harrison. "*Instagram has made a tiny mountain town world-famous for its picturesque blue walls, and locals are cashing in*", Business Insider, Feb. 12, 2019.

Simmons, Rabbi Shraga. 17. Tzitzit "*How to gain some meta-physical "fringe" benefits*", Aishi.com.

❉ "*Menachot 44a The William Davidson Talmud*", The Sefaria Library; A Living Library of Jewish Texts.

Sterman,Baruch. "*The Meaning of Tekhelet*", B"Or Ha"torah, Number 11, (1999).

"*Hexaplex trunculus L*".; Anglo-Saxon England: Volume

35, Editors, Godden, Malcolm., Keynes, Simon., Cambridge University Press, 2008. p.31.

Sterman. *op.cit.*

"*The Mystery Of Tekhelet-Part II of III, posted by Navon*", Mois. 8 Oct. 2007.
❖ https://www.youtube.com/watch?v=kYoiEOpvB_w

Sterman, Baruch. HP; www.tekhelet.com
❖ https://www.youtube.com/watch?v=1VbD3M4UnKE&-feature=emb_logo

Trujillo, Hilda. "*The Blue House: Frida Kahlo's Private Universe*", Museo Frida Kahlo, 2015. p.3

Glass, Daniel. "*ONCE UPON A TIME IN MEXICO* FRIDA KAHLO'S GARDEN AT LA CASA AZUL, COYOACÁN*", Garden History Vol.39. No.2 (WINTER 2011). p. 244.

海底彫刻の庭

❋ Smillie, Susan. "*Drowned world: welcome to Europe's first undersea sculpture museum*", The Guardian, 2 Feb. 2016.

Jason deCaires Taylor HP.

❋ Taylor, Jason deCaires. "*TED: An underwater art museum, teeming with life*", 22 Jan. 2016. tp. 08:54.
❖ https://www.youtube.com/watch?v=RWil7AkDX-o

Smillie. *op.cit.*

Taylor. *op.cit.*, tp.08:29, tp.10:30.

GrrlScientist. "*Silent Evolution in Cancún, Mexico*", The Guardian, 6 Jan. 2011.

Kington,Tom. "*Lampedusa shipwreck: Italy to hold state funeral for drowned migrants*", The Guardian, 9 Oct. 2013.

Peregrine, Anthony. "*Raft of the Medusa: a grisly tale of incompetence and cannibalism*", The Telegraph, 12 JULY 2016.

Louvre Museum; Work, "*The Raft of the Medusa*", Department of Paintings: French painting.

Davies,Lizzy. "*It opens your eyes to human tragedy: on board the warship rescuing refugees, on board the San Giusto*", The Guardian, 2 Oct. 2014.

※ Smillie. *op.cit.*; *"Maybe he's dreaming of a time where humans have been left behind, a nature that's survived us," "We might be the forgotten ones."* quoted words by Guardian art critic Jonathan Jones.

海と詩

Neruda, Pablo. *"Los Nombres / The Names, Una Casa en la Arena-The House in the Sand, NERUDA AT ISLA NEGRA"*, first pulished 1966, Translated by Marloney, Dennis., Zlotchew, Clark. White Pine Press, Fredonia, New York, 1998. p.16.

Skármeta, Antonio., *"The postman"*, Translated by Silver, Katherine., 1987, Miramax Books, Hyperion, New York, 1985. p.12. / p.15. / p.37.

※ Neruda, Pablo. *"El Mar / The Sea, III El Cruel Fuego / The Cruel Sea, Memorial de Negra / Black Islands memorial 1964, PABLO NERUDA Five Decades: A Selection, (Poems : 1925-1970)"*, Translated and Edited by Belitt, Ben. Grove Press, 1974. p.297.

Feinstein, Adam. *"Pablo Neruda"*, Bloomsbury Publishing USA, 2008. p.350.

※ Neruda, Pablo. *"Soliloquio en las olas / Soliloquy in the Waves, Cruel Fire, Isla Negra-A Notebook"*, First pulished 1964, Translated by Reid, Alastair. Farrar, Straus and Giroux, New York, 1981. p.185.

※ Neruda, Pablo. *"XX: ronca es la americana cordillera / The American ranges are husky, Las piedras del cielo / Skystones (1970), Pablo Neruda-Five Decades: A Selection (POEMS: 1925-1970)"*, Edited and Translated by Belitt, Ben. Grove Press, Inc. New York, 1974. p.417.

青いドレス

Glass, Daniel. *"ONCE UPON A TIME IN MEXICO* FRIDA KAHLO'S GARDEN AT LA CASA AZUL, COYOACÁN"*, Garden History Vol.39. No.2 (WINTER 2011). p. 240.

Kettenmann, Andrea. *"Frida Kahlo, 1907-1954: Pain and Passion"*, Taschen, 2000. p.45.

"Still Life: Kahlo and O'Keeffe", @This Stage a program of LA STAGE Alliance, April 25, 2011.

"Frida Kahlo Writes a Personal Letter to Georgia O'Keeffe After O'Keeffe's Nervous Breakdown (1933)", OPEN CULTURE, September 23rd, 2013.

Glass, *op.cit.*, p.242.

"La relación íntima entre Chavela y Frida", Semana, 8/5/2014.

Delahunt, Meaghan. *"In The Casa Azul"*, St. Martin's Press, New York 2002. p.11.

Gotthardt, Alexxa. *"The Intimate and Iconic Photos Nickolas Muray Took of Frida Kahlo"*, ART SY, 11 Feb, 2019.

"Frida Kahlo and her lover Nickolas Muray", Frida Kahlo Gesamtwerk im Kunstmuseum Gehrke-Remund, Baden-Baden-Museum mit Frida Kahlo Ausstellung-Frida Kahlo Exhibition, 7/31/2014.

※ *"Frida Kahlo, Paris, France letter to Nickolas Muray, New York,"* N.Y., 1939 February 27, Smithonian Archives of American Art.

"Frida Kahlo, Paris, France letter to Nickolas Muray, New York," N.Y., 1939 Feb. 16.

"Diego Rivera and Frida Kahlo House Studio Museum", Mexico City, Mexico, Atlas Obscura.

Luiselli, Valeria. *"Frida Kahlo and the birth of Fridolatry"*, The Guardian, 11 Jun. 2018.

Kahlo, Frida. *"My Grandparents, My Parents, and I (Family Tree)"*, 1936, MOMA collection, MOMA.

❖ https://www.moma.org/collection/works/78784

Glass, *op.cit.*, pp.244-245.

Trujillo, Hilda. *"The Blue House: Frida Kahlo's Private Universe"*, Museo Frida Kahlo, 2015. p.2.

Trujillo. *ibid.*, p.2.

Gran Diccionario Náhuatl; *"casstillan xuchitl; xochitl+clauellina"*; 1571 Molina 1. 大ナワ語辞典

Gomez, Nicole Lynn. *"Nepantla as her Place in the Middle: Multilingualism and Multiculturalism in the Writings of Sor Juana Inés de la Cruz"*, Trace Tennessee Research and Creative Exchange, Doctoral Dissersions, Gradual School, 8-2016, University of Tennessee, Knoxville. p.57.

Gomez. *ibid.*, p.57.

Deffebach, Nancy. *"María Izquierdo and Frida Kahlo: Chal-*

lenging Visions in Modern Mexican Art", University of Tex-
as Press, 2015. p.193.

Adams, Tim. "*The big picture: Frida Kahlo in New York,
1939*", The Guardian, Sat 17 Mar. 2018.

Jansen, Maarten. Aurora, Gabina. Jiménez,Pérez. "*Time
and the Ancestors: Aztec and Mixtec Ritual Art, The Early
Americas: History and Culture*", BRILL, 2017. p. 262.

Garsd, Jasmine. "*Despite Similarities, Pocahontas Gets
Love, Malinche Gets Hate. Why?*", npr Goats and Soda,
November 25, 2015.

【自然】
Natureza

ブルーグロット / カエル

Lorenzi, Rossella. "*Roman statues found in Blue Grotto
cave*", Science on NBC NEWS.com, 28th Sept, 2009.

"*Blue Grotto*", Travezl, 2020.

"*Tiberius' Sacred Santuary: Capri's Blue Grotto*", Grotta
Azzurra-The Blue Grotto Capri, @capri.com.

Jairam, Rawlen. "*The Blue Dyeing Poison-Dart Frog, Den-
drobates tinctorius (Dendrobates azureus, Hoogmoed
1969) extant in Suriname based on a rapid survey*", Anton
de Kom Universiteit, National Zoological Collection of Suri-
name; Article in Amphibian and Reptile Conservation, De-
cember 2019.

Wevers, Tuinbedrijf Erik. "*Genieten van de natuur is een
van de grootste schatten van het leven*". 2011.

"*Golden Poison Frog*", National Geographic.

Howell, Ken. "*BLUE POISON DART FROG-Dendrobates
tinctori-us*", Curator of Australia and Rain Forest Exhibits,
The National Aquarium USA.

Howell, Ken. "*The Life Cycle of Poison Dart Frogs*", The
National Aquarium, July 16, 2013.

「コバルトヤドクガエル、成長中」『あわしまマリンパーク　みんな

の日記 館長ブログ』(16/04/15)

Gaucher, P. & MacCulloch, R. "*Dyeing Poison Frog, Dend-
robates tinctorius*", 2010., Dendrobates tinctorius, The
IUCN Red List of Threatened Species 2010: e.
T55204A11265402.

IUCN SSC Amphibian Specialist Group, "*Sky Blue Poison
Dart Frog, Hyloxalus azureiventris*", 2018., Hyloxalus
azureiventris, The IUCN Red List of Threatened Species
2018: e.T55169A89200449.

クジラ

"*Blue Whale*", NOAA Fisheries (National Oceanic and At-
mospheric Administration within the Department of Com-
merce, US gov.)

Sears, Richard. Mingan Island Cetacean Study (MICS).

Uyeno, Greg. "*Blue Whales: The Most Enormous Crea-
tures on Earth*", Livescience, 09 January, 2019.

Hickok, Kimberly. "*Ancient Four-Legged Whale Swam
Across Oceans, Walked Across Continents*", Livescience,
04 April 2019.

Parry, Wynne., Shadwick, Robert. "*Whales Swallow Half a
Million Calories in Single Mouthful*", an animal biomechan-
ics researcher at the University of British Columbia, Live-
science, 09 December, 2010.

Cooke, J.G. "*Blue Whale Balaenoptera musculus-increas-
ing*", 2018. Balaenoptera musculus, The IUCN Red List of
Threatened Species 2018: e.T2477A50226195.

Furlong, Charles Wellington. "*Tribal Distribution and Settle-
ments of the Fuegians, Comprising Nomenclature,Etymol-
ogy, Philology, and Populations*", Geographical Review,
Vol. 3, No. 3 (Mar., 1917), pp.169-187.

Macnaughtan, Don. "*Bibliography of the Haush (Manek'
enk) Indians An indigenous people of Southeastern Tierra
del Fuego, Argentina*", Ethnographic Bibliographies no.10.,
2015.

青い卵

Francisco, Mairin Mitchell., Domingues, Contente. "*Ferdinand Magellan; PORTUGUESE EXPLORER", ENCY-CLOPÆDIA BRITANNICA. LAST UPDATED: Apr. 23, 2020.

Storey, Alice A., Quiroz, Daniel., Beavan, Nancy., Matisoo-Smith, Elizabeth. "Polynesian chickens in the New World: a detailed application of a commensal approach", Archaeology in Oceania, Vol.48 (2013). pp.101-119

Lukanov, Hristo. "Blue-green coloured eggs in Gallus gallus domesticus", AGRICULTURAL SCIENCE AND TECHNOLOGY, VOL.6, No.1, pp.3 - 10, Department of Animal Science – Nontruminant and other Animals, Faculty of Agriculture, Trakia University, 6000 Stara Zagora, Bulgaria. 2014.

"The history of the Araucana - Past and Present", Aviculture Europe 2009.

Mayntz, Melissa., "Why Are Robin Eggs Blue?", Birdwatching Tips, the Spruce, Updated Octber 14, 2019

ANIMALS | PHOTO ARK, "American Robin, Status and Distribution", National Geographic.

Tiffany Blue, About Tiffany & Co.

Cohen, Alina,. "How Tiffany & Co. monopolized a shade of blue", Fashion, CNN Style, Published 1st May 2019.

Trademark & Copyrights, TIFFANY&Co.

南洋土器

Sinoto, Y.H., Shutler, Jr. Richard., Dickinson, William R., Shutler, Mary Elisabeth., Garanger, Jose., Teska, T. Mark. Archeologists. "Was there a pre-lapita, Japanese Jomon, cord-marked pottery occupation in Vanuatu?", Shinoto Le Pacifique de 5000 a 2000 avant le present / The Pacific from 5000 to 2000 BP, Centre National de la Recherche Scientifique (CNRS).

Edited by Yawata,Ichiro., Sinoto,H.Yoshihiko. "Prehistoric culture in Oceania; a symposium", Bishop Museum Press, 1968. p.17. / p.512

片山一道京都大学名誉教授「モアイをつくったイースター島の先住民。実はわれわれ日本人とルーツは同じなのです。」『太平洋の島々に拡散したポリネシア人』 at home 教授対談シリーズ、こだわりアカデミー。

Joyce, T. A. "Note on Prehistoric Pottery from Japan and New Guinea", The Journal of the Royal Anthropological In-stitute of Great Britain and Ireland, Vol. 42 (Jul.-Dec., 1912), pp. 545-546 (4 pages).

J. Meggers, Betty. "Prehistoric America", Smithsonian Institute, 1972. Fig.14, Fig.15., pp.36-37.

Lepper, Bradley T. "Studies examine clues of transoceanic contact", Curator of archaeology at the Ohio Historical Society. Archaeology, The Columbus Dispatch, May 19, 2013.

J. Meggers, Betty. "Prehistoric America: An Ecological Perspective (Third Expanded Edition)", Transaction Publishers, 2009. p.25.

"HTLV in the Americas: challenges and perspectives" Anna Bárbara F. Carneiro-Proietti,1 Bernadette C. Catalan-Soares,1. Carlos M. Castro-Costa,2. Edward L. Murphy,3. Ester C. Sabino,4. Michie Hisada,5. Bernardo Galvão-Castro,6,7. Luiz C. J. Alcantara,6. Carlo Remondegui,8. Kristien Verdonck,9 and Fernando A. Proietti,10. Rev Panam Salud Publica / Pan Am J Public Health 19(1), 2006. p.45.

Clarke, Andrew C., Matisoo-Smith, Lisa., Storey, A. Alice. "Identifying contact with the Americas: a commensal-based approach", ALTAMIRA PRESS, A Division of Rowman & Littlefield Publishers, Inc. January 2011. pp.133-135. (Li et al. 1999; Sonoda et al. 2000

「本邦におけるHTLV－1感染及び関連疾患の実態調査と総合対策」厚生労働省研究班

大凧祭り

"Day of the Dead in Guatemala", Vanderbilt Center for Latin American Studies, Vanderbilt University, Center for Latin American Studies, 2017.

Ochoa, Ignacio W. "El Día de los Difuntos en Santiago Sacatepéquez:barriletes para las ánimas benditas", Director of Nahual Foundation, a Think Tank by and for Indigenous Peoples of the Americas.

"Giant Kites Sumpango & Santiago Sacatepequez Guatemala", Spanish School Antigua Guatemala Blog, Spanish Academy Antiguena, Oct. 15, 2018.

Eng, Allison. "All Saints Day Kite Festival", Santiago Sacatepéquez, Guatemala, Atlas Obscura.

Shea, Maureen E. "Culture and Customs of Guatemala", Culture and customs of Latin America and the Caribbean,

Cultures and Customs of the World Series, Greenwood Publishing Group, 2001. p.41.

"KITES (barriletes) – A GUATEMALA TRADITION", MCA Museum of Contemporary Art, Santa Barbara, 2018.

"THE BALI KITES FESTIVAL #BaliGoLiveEvent #BaliGo LiveCulture", Bali Go Live, 13 Mar. 2017.
❖ https://youtu.be/lxcgXKRYyY0

Hary Tri Mantara, "Janggan Pelasa Kuta Full Movie", 28 Sep. 2015.
❖ https://www.youtube.com/watch?v=tsJC1ODxiNY

Kelbaugh, Casey. "Bali Kite Culture", THE STORY INSTITUTE.

Wagner, David. "KITES & CULTURE; THE SPIRIT OF INDONESIA", The Drachen Foundation, 2000/09/03, Washington, U.S.A.

Mikaku, "Balinese Ceremonies~Cleanse and Purify", Bali Kites~Ceremony, Classification, Celebration, January 14 2013.

伝統航法とボウの儀式

"Pius "Mau" Piailug (1932-2010)", Hawaian Voyaging Traditions.

Bernard, Sheila., Estus, Boyd. "THE NAVIGATORS Pathfinders Of The Pacific.mpg", Hawaii Committee for the Humanities, Pacific Resources, Inc., The Arther Vining Davis Foundation, © Sam Low, 1983. posted by maupiailugsociety, 16 Feb. 2012.
❖ https://youtu.be/uxgUjyqN7FU

"Mau Voyager-Disc One, 2/6 ; (memory of grandfather)", 31 Mar. 2012.
❖ https://youtu.be/uJyUQ_8ic0U

"Kenneth Urumolug's pwo ceremony, From Becoming a Wayfinder, Becoming a Priest", A film by J. Blumberg, R. Hunter-Anderson, R. Apusa, and B. Feinberg. The Canoe Is The People-Indigenous navigation in the Pacific, UNESCO.
❖ http://www.canoeisthepeople.org/navigator/initiation.php?video_id=01

"Mau Voyager-Disc Three, 3/6 ; (on 15th June, 2002)", 31 Mar. 2012.
❖ https://youtu.be/B0clBDhFhPo / "Disc Three, 4/6 ; (on 15th June, 2002)", 31 Mar. 2012.
❖ https://youtu.be/t--Rqj1Ubhk / "Disc Two, 2/6 ; (lost during the sail)", 31 Mar. 2012.
❖ https://youtu.be/An80FQxyJTA

"Initiation and Rank, The Canoe Is The People",-Indigenous navigation in the Pacific, UNESCO.

"Becoming a Navigator, The Canoe Is The People",-Indigenous navigation in the Pacific, UNESCO.

"Roles of Women, The Canoe Is The People",-Indigenous navigation in the Pacific, UNESCO.

"Sails,The Canoe Is The People",-Indigenous navigation in the Pacific, UNESCO.

風の神ラータの子／海の稲光

Pycroft, A.T. "SANTA CRUZ RED FEATHER-MONEY—ITS MANUFACTURE AND USE", AUCKLAND MUSEUM, The Journal of the Polynesian Society, Volume 44 1935 > Volume 44, No.175 > pp.173-183.

"Red feather money First Voyage-The Vaka Taumako Project", posted by Vaka Taumako, 21 Jan. 2013. tp.12:37.
❖ https://youtu.be/o_t5yz9graM

George, Marianne. "Polynesian Navigation and Te Lapa-"The Flashing"; Time and Mind": The Journal of Archaeology, Consciousness and Culture, Vol.5-Issue 2-July 2012, p.141. / p.142. / p.144. / p.151. ❋ (Lewis, David 1994 [1972]: 254) / p.152. ❋ (Lewis, David 1994 [1972]:255-6) / p.168, p.165

George, ibid., p.158. (Author's field notes, 2002-マリアンヌ・ジョージのフィールド・ノート2002年から)

「遺跡発掘調査報告書 炭素年代測定データベース」国立歴史民俗博物館

湖の調査／グレート・ブルー・ホール

Maestri, Nicoletta. "Understanding Ancient Maya Storage Systems", Thought Co., 01 April, 2019.

Ivanova, Natalia V. 1, Valdez-Moreno, Martha. 2, Elías-Gutiérrez, Manuel. 2, "RESIDENT OR INVASIVE SPECIES? ENVIRONMENTAL DNA CAN PROVIDE RELIABLE ANSWERS", 1 Centre for Biodiversity Genomics, University of Guelph, Canada. 2 El Colegio de la Frontera

Sur, Chetumal, México. May 15, 2019.

Riding, Robert.1, Reitner, Joachim.2, Quéric, Nadia-Valérie.3, "The Nature of Stromatolites: 3,500 Million Years of History and a Century of Research", 1). University of Tennessee, 2). Universitätsmedizin Göttingen, 3). Georg-August-Universität Göttingen, January 2011.

平田大二(学芸員)「展示シリーズ2　ストロマトライト―酸素大発生の謎を解く石」「自然科学のとびら」Vol.6、No.2、神奈川県立生命の星・地球博物館(June,2000)

Street, Francesca. "Dispatches from the bottom of Belize's Blue Hole", NBC2. 17th February 2019.

Yuhas, Alan. "Great Blue Hole off Belize yields new clues to fall of Mayan civilisation", The Guardian, 3 Jan. 2015.

Denommee, K.C.1,2, Bentley, S.J.1,2, Droxler, A.W.3, "Climatic controls on hurricane patterns: a 1200-y near-annual record from Lighthouse Reef, Belize", 1 Department of Geology and Geophysics, Louisiana State University. 2 Coastal Studies Institute, Louisiana State University. 3 Department of Earth Sciences, Rice University, USA. Published 27 January 2014.

【儀式】
Ritual

セノーテの泉/いけにえとマヤブルー

◉ "Blue is the color of symbol for virtue, for chasting, for religion, and by extension, heaven." ; Thompson, Edward Herbert. "People of the Serpent-Life and Adventure Among the Mayas", The Riverside Press, Cambridge, Boston/NY. 1932. p.186.

"PIA03379: Shaded Relief with Height as Color, Yucatan Peninsula, Mexico", Photojournal, Jet Propulsion Laboratory, California Institute of Technology.
❖ https://photojournal.jpl.nasa.gov/figures/PIA03379-fig1.jpg

"Chicxulub Crater", About The Chicxulub Crater.
❖ http://www.chicxulubcrater.org

Jablow, Valerie. "A Tale of Two Rocks", SMITHSONIAN MAGAZINE. April, 1998.

Hildebrand, Alan R.1. T, Glen. 2. Kring, David A. 3. Pilkington, Mark. 4. Camargo Z, Antonio. 5. Jacobsen, Stein B. 6. Gerencia. 7. Boynton, William V. 3. "Chicxulub Crater: A possible Cretaceous / Tertiary boundary impact crater on the Yucatan Peninsula, Mexico", 1) Department of Planetary Sciences, University of Arizona. 2) Penfield Aerogravity Division, Carson Services Inc., Pennsylvania. 3) Department of Planetary Sciences, University of Arizona. 4) Geophysics Division, Geological Survey of Canada, Canada. 5) Exploracion, Petroleos Mexicanos, Mexico. 6) Department of Earth and Planetary Sciences, Harvard University. 7) Department of Planetary Sciences, University of Arizona,USA. GEOLOGY, v. 19, pp.867-871, September, 1991.

de Régules, Sergio. "Revisiting the crater of doom", Features Physics World. September, 2015.

Thompson. op.cit., p.193. / p.248. / pp.275-276. / p.248. / p.288.

Tozzer, Alfred M. "MEMOIRS of the Peabody Museum of Archeology and Ethnology, Harvard University Volumes XI and XII CHICHEN ITZA AND ITS CENOTE OF SACRIFICE A Comparative Study of Contemporaneous Maya and Toltec, VOLUME XI." CAMBRIDGE PUBLISHED BY PEABODY MUSEUM.1957. p.214. / pp.192-193.

◉ "We knew blue was a very important color," said Dean E. Arnold, a professor of anthropology at Wheaton College in Illinois. "It was very, very important for the priests and very important for ritual." ; Chang, Kenneth. "The Grim Story of Maya Blue", The New York Times.Feb. 29, 2008.

"MAYAN DEITY"; …worshipped a creator deity called Hunab Ku, "One-God." Itzamná ("Iguana House"), head of the Maya pantheon of the ruling class, was his son, whose wife was Ix Chebel Yax, patroness of weaving. ENCYCLOPÆDIA BRITANNICA.

Gannon, Megan. "Maya Blue Paint Recipe Deciphered", Livescience. April 02, 2013.

Arnold, Dean E.1, Branden, Jason R.2, Williams, Patrick Ryan.3, Feiman, GaryM.3, Brown, J.P.3 "The first direct evidence for the production of Maya Blue: rediscovery of a technology", 1) Department of Sociology-Anthropology, Wheaton College, USA.2) Department ofMaterials Science and Engineering, NorthwesternUniversity.3) Department of Anthropology, Field Museum of Natural History, Chicago. Accepted: 23 April 2007; antiquity 82 (2008): pp.151-164. / p.153. / p.157.

Martin, Simon. "Chichen Itza: An Alien City in the Maya Lowland", Great Wonders of the World, 2014-2015 Lecture Series, University of Pennsilvania, Museum Archaeolo-

gy and Anthropology. May 27, 2015.
❖ https://www.youtube.com/watch?v=Sj4HW8tS94I

ぼろきれ

Morell, Virginia. "*Monte Verde Archeologist Prevails In Dispute Over Settlement's Age*", The Scientist, Jan. 19, 1990.

Dillehay, Tom D., Ocampo, Carlos., Saavedra, José., Sawakuchi, Andre Oliveira., Vega, Rodrigo M., Pino, Mario.,

Collins, Michael B., Cummings, Linda Scott., Arregui, Iván., Villagran, Ximena S., Hartmann, Gelvam A., Mella, Mauricio., González, Andrea., Dix, George., "*New Archaeological Evidence for an Early Human Presence at Monte Verde, Chile*", PLOS|ONE, November 18, 2015. p.2.

Ewen, Alexander. "*Huaca Prieta Provides More Proof of What Indians Already Knew*", Indian Country Today,

"*Junius Bird excavation at Huaca Prieta, Peru, 1946*", posted by greenuptime, 6 Aug. 2011.
❖ https://youtu.be/PdMd0r74aUU

Dillehay, Tom D., Vanderbilt University, Goodbred, Steven., Vanderbilt University, Pino, Mario., Universidad Austral de Chile, Sanchez, Victor Vasquez., Centro de Investigaciones Arqueobiológicas y Paleoecológicas Andinas, Perú. "*Chronology, mound-building and environment at Huaca Prieta, coastal Peru, from 13 700 to 4000 years ago*", Antiquity Publications Ltd. ANTIQUITY 86 (2012): pp.48–70. Dillehay. Chronology, p.54.

Pappas, Stephanie. "*Oldest Indigo-Dyed Fabric Ever Is Discovered in Peru*", Livescience, September 14, 2016.

Splitstoser, Jeffrey C., Dillehay, Tom D., Wouters, Jan., Claro, Ana. "*Early pre-Hispanic use of indigo blue in Peru*", Sci Adv 2016, 2:. Splitstoser et al. Sci. Adv. 2016; 2 : e1501623., 14 September 2016. p.1.

最古の藍染

kmaexports. "*Indigo Dye Extraction*", 16 Aug. 2012.
❖ https://youtu.be/UEMcjmyjoOY

Splitstoser. *ibid.*, p.1. / Splitstoser., Dillehay. *op.cit.*, p.2. fig.1. specimen 2009.052.01.B. / p.3.

By study researcher Jeffrey Splitstoser, an archaeologist and textile expert at The George Washington University. Pappas. *op.cit.*,

Splitstoser, Dillehay, Wouters, cla-ro, *op.cit.*, p.1. "*Archaeological research has identified the use of cultivated cotton (Gossypium barbadense)*"

Boekel, Dieuwertje van. "*Rulers of the sky, An iconographical analysis of Formative feline imagery in Chalcatzingo, Morelos, Mexico*", University of Leiden, Faculty of Archaeology, Leiden, 17-06-2013, final version. p.47, Figure 12.

❋ Alarcón, Hernando Ruiz de. "*Treatise on the Heathen Superstitions that Today Live Among the Indians Native to this New Spain, 1629*", University of Oklahoma Press, 1987. p.48. / p.49.

❋ Gran Dicccionario Nahuatl: "*poton*"; 1. thread loosely twisted / poorly spun [offerings]; 2. yarn twisted / poorly spun [offerings]; Dictionary: Alarcón Context: HILOPOCO TORCIDO. 大ナワ語辞典

Alarcón, *op.cit.*, p.56.

Alarcón. *op.cit.*, p.57. Gran Diccionario Náhuatl; "*nacaztecòcoyacpol.*" 大ナワ語辞典

Alarcón. *op.cit.*, p.313. / p. 342.

Smead, Robert N. "*Vocabulario Vaquero / Cowboy Talk: A Dictionary of Spanish Terms from the American West*", Illustration; Kil, Ronald. Contributor; Slatta, Richard W. University of Oklahoma Press, 2004. p.20.

B, Jes. "*Cochinea Red Dye-The Use of Cochineal Beetles as Natural Fabric Dye in Chinchero, Peru*", 7 Apr. 2013.
❖ https://youtu.be/2k_FJoaOQGA

Gran Diccionario Náhuatl; "*potonqui*", 大ナワ語辞典

Dictionnaire de la langue nahuatl classique. 古ナワ語辞書

Sahagún, Fray Bernardino de. "*General History of the Things of New Spain : The Florentine Codex, 1577 Vol.2*"., World Digital Library, Library of Congress, UNESCO. p.719.

青い石

❋ del Castillo, Bernal Diaz. 2010 Project Gutenburg E Book of the "*The Memoirs of the Conquistador Bernal Diaz del Castillo, Vol.1 (of 2), Written by Himself Containing a True*" and Full Account of the Discovery and Conquest of Mexico and New Spain, Translator: Lockhart, John Ingram. In tow Volumes Vol.1. London J. Hatchard and Son, 187, Piccadily, London, MDCCCXLIV. C.and J. Adlard, Printers, Batholomew Close". p.241.

del Castillo. ibid., pp.228-231. / p.229. / p.241. / p.184. / p.144. / p.216. / p.234.

Squier, E.G. M.A. "Observations on a Collection of Chalchihuitls from Mexico and America", Extraction from the Annals of the Lyceum of Natural History of New York. 1869. pp.8-11.

Seitz, R. Harlow, G.E. Sisson, V.B. & Taube, K.A. "'Olmec Blue' and Formative jade sources: new discoveries in Guatemala", ANTIQUITY 75 (2001): 687-8.

Taube, Karl A. "The symbolism of turquoise in ancient Mesoamerica", TURQ-11-Taube-v2.indd 134. 2012. p.1.

St. Fleur, Nicholas. "Aztec Turquoise Tiles May Solve a Mesoamerican Mystery", The New York Times. June 13, 2018.

Taube, op.cit., p.122. Figure 5. / p.130. / p.133.
p.130; ❋ Lenkersdorf, 1979: 312 (translation by Taube),
❋ Ulrich and Ulrich, 1982: 118. / Laughlin, Robert M., Hopkins, Nicholas A., Brizuela, Andrés. The Ch'ol Maya of Chiapas, Casimir University of Oklahoma Press, 2015/04/08. p. 280.

Sahagún, Fray Bernardino de. "General History of the Things of New Spain by : The Florentine Codex", Vol.2, World digital Library, Library of Congress, UNESCO. p.474.

Taube, op.cit., p.130. ❋ Gamio, Manuel. (1922, 1:316) for Nahuatl-speaking inhabitants in the Teotihuacan region:

サンドペインティング

❋ Matthews, Washington. "NAVAJO MYTHS, PRAYERS, AND SONGS WITH TEXTS AND TRANSLATIONS 1", Edited by Goddard, Pliny Earle. 1906. pp.26-27.

ブルース・E・ジョハンセン「アメリカ先住民の統治理念と合衆国憲法」-先住民の民主的な価値観と統治、「先住民は今-二つの世界に生きる」eJOURNAL USA、第14巻第6号、米国国務省国際情報プログラム局、2009年6月。p.8

Wyman, Leland Clifton. "Navajo ceremonial system: Hand book of North American Indians. Southwest. Vol.10", edited by Ortiz, Alfonso, general editor Sturtevant, William,c., Smithsonian Institution, 1983. pp.537-538. / p.545. / p.553.

Newcomb, Franc J. With text by Gladys A. Reichard, "Sandpaintings of the Navajo shooting chant", Dover Publications, N.Y. 1975. pp.2-3. / pp.8-9. / p.19.

Carey Jr, Harold. The Night Chant "The Yeibitchai Dance", NAVAJO PEOPLE, FEBRUARY 15, 2008.

Carey Jr, Harold. "Yei Bi Chei (Yébîchai) Night Chant-First Day", NAVAJO PEOPLE, SEPTEMBER 28, 2012.

❋ Comstock, Gary David. Henking, Susan E. "Que(e)rying Religion: A Critical Anthology", A&C Black, 1997. p.97. / pp.99-100.

Spitz, Jeff. "The Return of Navajo Boy", Produced by Spitz, Jeff. and Klain, Bennie. Executive Produced by Kennedy, Bill. Film Funding partially provided by Native American Public Telecommunications, Support for 2008 epilogue and outreach provided by the Bradshaw-Knight Foundation, 2000, USA.

"The Return of Navajo Boy" Documentary Trailer", The Doc Talk Show-Groundswell Films. 6 Nov. 2009.
❖ https://www.youtube.com/watch?v=f8qScCWLdgo

"ABANDONED URANIUM MINES AND THE NAVAJO NATION", Navajo Nation AUM Screening Assessment Report And Atlas With Geospatial Data, Navajo Abandoned Mine Lands Reclamation Program, USACE, USEPA, NNEPA, NAMLRP. August 2007.

"Mesa I, Mines 10-15 – Abandoned Uranium Mine Site Reassessment Report", EPA ID No.: NND983466772, USACE Contract Number: W91238-11-D-0001, Interagency Agreement No.: 95777001-0, Document Control Number: 20074.063.100, January 2014.

"Navajo Boy Webisode #1: EPA Uranium Investigation", The Doc Talk Show-Groundswell Films. 19 Mar. 2010.
❖ https://www.youtube.com/watch?time_continue=18&v=gyKLyDsldfA&feature=emb_logo

【遺跡】
Permanece

神々が創られた場所

Maffie, James. "*Aztec Philosophy-Understanding a World in Motion*", University Press of Colorado, Boulder, 2014. p.46. / p.236. / p.284.

Prechtel, Martin., Carlsen, Robert S. "*Weaving and cosmos amongst the Tzutujil, Maya of Guatemala*", University of Chicago Press. RES 15 SPRING 88. p.127.

"*This 83-cm unit will hereafter be referred to as the Teotihuacán Measurement Unit (TMU)*"; Sugiyama, Saburo. "*WORLDVIEW MATERIALIZED IN TEOTIHUACAN, MEXICO*", Department of Anthropology, Arizona State University, Tempe, AZ 85287. Latin American Antiquity, Vol 4, No. 2, 1993. pp.103-129. Society for American Archaology. p.104.

Miller, Mary., Taube, Karl. "*An illustrated Dictionary of The Gods and Symbols of Ancient Mexico and the Maya*", Thames and Hudson, 1993. p.19. / p.24.

Heyden, Doris. "*The eagle, the cactus, the rock : the roots of Mexico-Tenochtitlan's foundation myth and symbol*", B.A.R. International Series 484, 1989. p.8.

Rueda, H. a. Macías, J.L. b. Arce, J.L. c. Gardner, J.E. d. Layer, P.W. e. "*The ~ 31 ka rhyolitic Plinian to sub-Plinian eruption of Tlaloc Volcano, Sierra Nevada, central Mexico*", Journal of Volcanology and Geothermal Research Vol.252, February, 2013. pp. 73–91. a) Posgrado en Ciencias de la Tierra, Instituto de Geofísica, Universidad Nacional Autónoma de México, Coyoacán, Mexico. b) Instituto de Geofísica, Subsede Michoacán, Universidad Nacional Autónoma de México. c) Instituto de Geología, Departamento de Geología Regional, Universidad Nacional Autónoma de México, Coyoacán, Mexico. d) Department of Geological Sciences, Jackson School of Geosciences, The University of Texas at Austin, USA. e) Geophysical Institute, University of Alaska Fairbanks, USA.

Alcocer, J.1. Williams, W.D. 2, "*Historical and recent changes in Lake Texcoco, a saline lake in Mexico*", International Journal of Salt Lake Research 5: pp. 45-61, 1996. Kluwer Academic Publishers. p. 50. / p.46. Aquatic Ecology Lab1 oratory, Environmental Conservation and Improvement Project, UIICSE, UNAM Campus Iztacala,

Mexico.2) Department ofZoology, University of Adelaide, Australia.

豊穣の山と雨乞い

Morales, Francisco Javier Ugalde. "*Tepantitla, Teotihuacán. Representación odontológica. Tepantitla, Teotihuacan. A depiction of dentistry*". Revista ADM, Historia, 72 (3):, 2015 pp.164-168.
❖ www.medigraphic.org.mx

Heyden, Doris. "*Pintura mural y mitología en Teotihuacan; RESEÑA; ARTE PREHISPANICO, WALL PAINTING AND MYTHOLOGY IN TEOTIHUACAN*", Teotihuacan, 1978. DEAS / INAH. p.30.

Browder, Jennifer. "*Imágenes Multiespectrales de los Murales de Tepantitla, en Teotihuacán*", Traducido del Inglés por Alex Lomónaco. Año de Investigación: 1999. Ubicación: Teotihuacán, México. Sitio: Tepantitla FAMSI ©2005.

Miller., Taube. *op.cit.*, pp.96-97.

de Viajes, Popurrí. "*Montaña Fantasma en el Monte Tláloc, 9 Feb. 2016*"
❖ https://youtu.be/K1-s1NsYEis

"*Mount Tlaloc Aztec Ceremonial Site*", Latin American Studies.

Iwaniszewski, Stanisław. "*Archaeology and Archaeoastronomy of Mount Tlaloc, Mexico*": A Reconsideration Latin American Antiquity, Vol.5, No.2 (Jun., 1994), pp.158-176 (19 pages). Cambridge University Press. p.161.

クモの女神

Miller., Taube. *op.cit.*, p.162.

Carrasco, Davíd., Sessions, Scott. "*Daily Life of the Aztecs, 2nd Edition*", ABC-CLIO, 2011. p.185.

Paulinyi, Zoltan. "*THE "GREAT GODDESS" OF TEOTIHUACAN: Fiction or Reality?*" Ancient Mesoamerica, Vol. 17, No. 1 (Spring 2006), pp.1-15 (15 pages), Cambridge University Press. p.6, p.9.

"*Ceiba pentandra (L.) Gaertn*". Plants of the World online,

Kewscinece.

"*Messier 42 (The Orion Nebula)*", Credits: NASA, ESA, M. Robberto (Space Telescope Science Institute / ESA) and the Hubble Space Telescope Orion Treasury Project Team. Oct. 20, 2017.

Prechtel, Martin., Carlsen, Robert S. "*Weaving and cosmos amongst the Tzutujil, Maya of Guatemala*", University of Chicago Press. RES 15 SPRING 88. p.127.

"*Sir Eric Thompson, 1898 - 1975*", American Antiquity, Vol.42, No.2, 1977.

❀ Balick, Michael J., Arvigo, Rosita. "*Messages from the Gods: A Guide to the Useful Plants of Belize*", Oxford University Press. 2015. p.363.

❀ Gran Diccionario Náhuatl; "*potonqui*"; "Il s'agit du chien qui accompagnera le défunt. " (It is the dog that will accompany the deceased.) 大ナワ語辞典

ブルーストーンの祭壇／インカの宇宙観

McEwan, Gordon Francis. "*The Incas: New Perspectives, Understanding ancient civilizations*", Edited by Weeks, John M, ABC-CLIO, 2006. p.151.

ステラリウム・ウェブ星座表 https://stellarium-web.org/

Montalvo Peña, Hyrum. Universidad Nacional de San Antonio Abad del Cuso, "*Arquitectura y etnohistoria de Ollantaytambo*", HISTORIA V GUION, 14.10.2014. p.8.

Renzo Zeballos Velarde, Carlos, "*Symbolic landscape in Ancient Peru: The case of the Inca city of Ollantaytambo*", 「2006年度:第4回景観研究会」大学共同利用機関法人、人間文化研究機構、総合地球環境学研究所。pp.9 - 10.

Foerster, Brien. "*The Ancient Inca Temple Of Cusco: Sonic And Energy Fields*", 2014.
❖ https://www.youtube.com/watch?v=3E2LDcXi4No&feature=emb_title

Cuadra,C.Sato, Y.Tokeshi, J.Kanno, H.Ogawa, J.Karkee, M. B.Rojas,J. "*Evaluation of the dynamic characteristics of typical Inca heritage structures in Machupicchu*"; Graduate School of System Science & Technology, Akita Prefectural University, Tsuchiya, Honjo, Akita, Japan 2005.

Brown, Kendall. "*A History of Mining in Latin America: From the Colonial Era to the Present*", Chapter 4, Worker's Response to Colonial Mining, Diálogos Series, UNM Press, 2012.

Brundage, Burr Cartwright., "*Lords of Cuzco; a history and description of the Inca people in their final days*", University of Oklahoma Press, USA 1967, pp.67 - 68.

【民族】
Pessoas

少女の刺青

❀ McGinty, Brian. "*The Oatman Massacre: A Tale of Desert Captivity and Survival*", University of Oklahoma Press, 2014. / pp. 84 - 85. / p. 75. / p.87. / p.78. / p.196. / p.193. /p.114. / p.148. / p.173. / pp.180 - 181. / p.129.

❀ Mifflin, Margot. "*The Blue Tattoo: The Life of Olive Oatman*", Women in the West Series, University of Nebraska Press, 2009. p.75. / p.73. / p.79.

McDaid, Jennifer Davis. "*Into a Strange Land*": Women Captives among the Indians", College of William & Mary-Arts & Sciences, W&M ScholarWorks. 1990.

Caughey, John & Laree. "*The Captivity of Olive Oatman, Los Angeles Star, American Takeover, Los Angeles : biography of a city*", University of California Press, Berkeley, Los Angeles, London, 1977. p.152.

"*An interview reported in the Los Angeles Star, April 18, 1856*", reprinted in William B. Rice, The Los Angeles Star (Berkely, 1947). pp. 278 - 284.

Stratton, R.B. "*Captivity of the Oatman Girls: Being An Interesting, Narrative of Life Among the Apache and Mohave Indians*". Twenty-Fourth Thousand. New York: Published for the Author, by Carlton & Porter, 200 Mulberry-Street. For Sale by Ingham & Bragg, 67 Superior-St., Cleveland, O. 1858.

紋面／装束と織物

Everington, Keoni. "*One of last Atayal women left with fa-*

cial tattoo dies at age 103, Iwan Kainu, one of the last Atayal aborigines in Taiwan left to have a traditional facial tattoo died at the age of 103", Taiwan New. 2018/01/17 17:59.

「泰雅族文面國寶柯菊蘭今辭世　享耆壽97歳　苗栗縣長徐耀昌及原民會主委夷將･拔路兒皆表哀悼」編輯社會組、『台灣英文新聞』2019/09/14 16:11.

"Taiwan's last Atayal woman with facial tattoos dies at 97, Lawa Piheg, last Atayal woman with traditional facial tattoos, died Saturday in Miaoli County", Central News Agency. 2019/09/15 09:20.

Jennings, Ralph. "Once banned, the facial tattoo reappears as a cultural asset and political weapon in Taiwan"

Los Angeles Times, JULY 18, 2018.

林采郁　「台灣原住民出草行為分析」國立板橋高中、高一5班、指導老師：張肇祥老師、2009年。p.6.

Barclay, Paul D. "Outcasts of Empire: Japan's Rule on Taiwan's "Savage Border," 1874-1945, Edition: 1", University of California Press, Pages: 322, 2018. pp.185-187.

"An intoduction to Taiwan's indigenous Peoples-part 2", 原住民族委員會. 18 Feb. 2016.
❖ https://www.youtube.com/watch?v=l0stvqZI7WI

「順益台湾原住民博物館」HP.

チラモク「台湾原住民の服飾につて―ツオウ族、ルカイ族、アミ族を中心―」p.1.［原典］注1：山本春樹　黄智慧「台湾原住民の現在」（株式会社草風館 2004/12/20）、pp.1-3.

Krutak, Lars. Tattoo Anthropologist, "PAIWAN TATTOO REVIVAL IN TAIWAN", February 14, 2018.

Inkster, Ian. "Anthropologies of Enthusiasm: Charlotte Salwey, Shinji Ishii, and Japanese Colonialism in" Formosa circa 1913-1917, Taiwan Journal of Anthropology. 臺灣人類學刊 9 (1) pp. 67-97, 2011. p.77.

小川尚義、浅井惠論「原語による台湾高砂族伝説集」（台北帝国大学言語学研究室調査、刀江書院、1935年、国立国会図書館デジタルコレクション）、付録単語表；「入墨」10p、コマ番号408；「青」38p、コマ番号422

「排灣族五年祭台東縣土板村2008活動紀實2」posted by samgugula, 14 Nov. 2014.
❖ https://www.youtube.com/watch?v=7dkITqN5_UY

「泰雅．排灣傳統圖騰 美學者訪台研究」『原視』TITV 原視新聞、IPCF-TITV原文會。2016/02/29.
❖ https://www.youtube.com/watch?time_continue=87&v=4JKs3nPEtWQ&feature=emb_logo

"Amis Harvest Festival 2016", posted by Charlier, Phillip. 28 Jul. 2016.
❖ https://www.youtube.com/watch?v=UV-DyLrtFnY

"Hopi Butterfly Dance Kykotsmovi, AZ 9/4/10 part 2", posted by rlb95376, 7 Sep. 2010.
❖ https://www.youtube.com/watch?v=lAprs0s10hE

Blackburn, Thomas C. "December's child : a book of Chumash oral narratives", University California Press, 1975. p.94.

Knoke de Arathoon, Bárbara. "1 HUELLAS PREHISPÁNICAS EN EL SIMBOLISMO DE LOS TEJIDOS MAYAS DE GUATEMALA", 2005. Huellas prehispánicas en el simbolismo de los tejidos Mayas de Guatemala. En XVIII Simposio de Investigaciones Arqueológicas en Guatemala, 2004 (editado por J.P. Laporte, B. Arroyo y H. Mejia), pp.1-13. Museo Nacional de Arqueología y Etnología, Guatemala. p.4.

Orey, Daniel. Rosa, Milton. Pop: Ethnomatics and Globalozation Using Sacred Mayan Mat Patterns, Departamento de Educacao Matematica-Instituto de Ciencias Exatas e Biologicas Universidade Federal de Ouro Preto, 2008. p.4.

宮本延人「台湾高砂族の生活と文化」『台湾高砂族の服飾 - 瀬川コレクション-』（渋谷区松涛美術館特別展 1983年）、pp.14-15.

Barclay. op.cit., p.170., FIGURE 28.

埋葬方法

❀ 周婉窈「陳第〈東番記〉十七世紀初台湾西南地区的実地調査報告」『故宮文物月刊』第241期（2003.04）、pp.22-45.

❀ Baldick, Julian., Tauris, I.B. "Ancient Religions of the Austronesian World: From Australasia to Taiwan,International Library of Ethnicity, Identity and Culture, Vol. 4", International library of ethnicity, 2013. pp.15-16.

足立崇「葬礼儀礼にみるヤミ族の住まいの場所論的研究」『日本建築学会計画系論文集』第553号（2002年3月）p.320（図3）、pp.322-323.

余光弘（中央研究院民族學研究所研究員）「雅美族人文社會簡介」『人類學觀點』、"ripus"；（2．雙邊親屬關係）。

トビウオの巫術

「台灣原住民族與世界南島語系民族的關係」、南島語族、原住民族委員会、Council of Indigenous Peoples.

❋ 夏曼藍波安 Rapongan, Syman.「飛魚神話」The Myths of the Flying Fish, 譯者石岱崙的翻譯部落格、Translator Shi Dailun's literary translation blog, 大輪翻譯、Big Wheel Translates.

「蘭嶼地景人類學」powered by 公民生態學研究團隊、(2009年04月23日)。

鹿野忠雄「紅頭嶼生物地理學に關する諸問題 (1) 海岸山胍都巒山層、綠島、蘭嶼和小蘭嶼、蘭嶼的岩石」(1935年)、pp.40-49.

王澍明「蘭嶼紅頭山(達悟山)」2018/05/06。

「飛魚季歷程」posted by Sheng Han Yang, 30 Dec. 2013.
❖ https://www.youtube.com/watch?v=UylHK5b0j3A tp. 6:37.
❖ https://www.youtube.com/watch?v=UylHK5b0j3A

「[跳島。蘭嶼]蘭嶼文物館。達悟族傳統文物展示」1817BOX 部落格。30 Jul. 2014.

「蘭嶼漁人 01. among no rayon (Kalpiran) (飛魚季的魚)」採集日期:1982-11-03 族別:雅美族 報導人: si Apen Aoman、2-071-01 (22頁)、採集地点: 中華民國. 台灣;台東縣蘭嶼鄉漁人部落、阿美族、雅美族口語傳說採錄翻譯資料數位典藏計畫。Digital Archive of Amis and Yami Oral Legends. 中譯全文 (11) / 中譯全文 (21) / 中譯全文 (16)

董瑪女「達悟語詞典」編集; 何德華、董瑪女、張惠環、(國立臺灣大學出版中心、2012年)

「言語情報学拠点 > 研究目的別コーパス > バタニック諸語」2009 Tokyo University of Foreign Studies.

徐瀛洲「金銀銅の裝飾品…」「自然と文化」75号 日本ナショナルトラスト、日本財団図書館。

莊萬壽、周育聖 「第四章 海洋交通與海洋工具的伝說」『台灣神話傳說與故事中的海洋文化研究』(國立臺灣師範大學圖書館 DSpace 2007年)、國立臺灣師範大學圖書館機構典藏。

吉田泰幸 代表研究者「国立民族学博物館所蔵・鹿野忠雄コレクションの基礎的研究」『【共同研究報告】(人文科学部門)』(金沢大学国際文化資源学研究センター 2015-2016)。

Ashliman, D. L. "Creation Myths from the Philippines", 2003.

「タオ(ヤミ)族の銀兜」『順益台湾原住民博物館 Shung Ye Museum of Formosan Aborigines 』2006.

「沒在過清明節、視墓地為禁忌的達悟族人,竟每年跨海為他掃墓?原來背後有這段感人故事…」責任編輯/潘渝霈、『風傳媒』Storm Media. 2018/03/12 10:30.

【戦い】
luta

誓いのベルト

"Haudenosaunee Guide For Educators", Smithsonian National Museum of the American Indian, George Gustav Heye Center. p.1. / p.7. / p.3.

ブルース・E・ジョハンセン、「アメリカ先住民の統治理念と合衆国憲法」- 先住民の民主的な価値観と統治、「先住民は今 - 二つの世界に生きる」eJOURNAL USA、第14巻第 6 号、米国国務省国際情報プログラム局、2009 年 6 月。p.12

"Birth of a Nation", History, Onondaga Nation-People of The Hills.

Venables, Robert W. "POLISHING THE SILVER COVENANT CHAIN: A Brief History of Some of the Symbols and Metaphors in Haudenosaunee Treaty Negotiations", November 2008. Onondaga Nation, People of the Hills. p.2.

ジョハンセン、前掲書、pp.12-14.

"IROQUOIS CONSTITUTION: A FORERUNNER TO COLONISTS' DEMOCRATIC PRINCIPLES", Special to the New York Times, The New Yorks Times Archives. June 28, 1987.

Mann, Barbara A., Fields, Jerry L. "A Sign in the Sky: Dating the League of the Haudenosaunee", AMERICAN INDIAN CULTURE AND RESEARCH JOURNAL 21:2 pp.105-163. (1997). p.110.
❖ https://uclajournals.org/doi/pdf/10.17953/aicr.21.2.k36m1485r3062510

Johansen, Bruce E. "Dating the Iroquois Confederacy", the following was published in Akwesasne Notes New Series,

Fall-October/November/December-1995, Volume 1 #3&4, pp.62-63. The Six Nations: Oldest Living Participatory Democracy on Earth.

Shannon, Timothy J. *"Diplomacy on the Early American Frontier, Iroquois diplomacy on the early American frontier"*, The Penguin Library of American Indian History, Viking, 2008. p.25.

"Two Row Wampum – Guswen̄ta", Onondaga Nation-People of the Hills.

Chief Lyons,Oren. Sworn: Examination by Ms Jacobs, Bev. (Indigenous Peoples), *"First Nations International Court of Justice : the First Nations of Turtle Island and Her Majesty the Queen in Right of Canada"* : (transcripts of proceeding) April 3, 1996. Held at Ballroom A, Radisson Hotel, April 2, 1996, Ottawa, Ontario. p.52.

❋ *"In one row is a ship with our White Brothers' ways; in the other a canoe with our ways. Each will travel down the river of life side by side. Neither will attempt to steer the other's vessel."* / *"Together we will travel in Friendship and in Peace Forever; as long as the grass is green, as long as the water runs downhill, as long as the sun rises in the East and sets in the West, and as long as our Mother Earth will last; Two Row Wampum–Guswen̄ta"*, op.cit., / Venables, Robert W. p.2.

Cates, Gwendolen. *"TWO ROW WAMPUM UNITY"*, the Onondaga Nation, vimeo.
❖ https://vimeo.com/71596622

Cates, Gwendolen. *"TWO ROW WAMPUM RENEWAL CAMPAIN"*, A partnership between the Onondaga Nation and Neihjbors of the Onondaga Nation (NOON), Honor Native Treaties to Protect the Earth 1613-2013, the Onondaga Nation, vimeo.
❖ https://vimeo.com/71100541
❋ *"TWO ROW WAMPUM UNITY"*, op.cit., tp. 6:10.

Cates, Gwendolen. *"THE TULLY MUDBOILS"*, the Onondaga Nation, vimeo.
❖ https://vimeo.com/139971284

"Onondaga Nation Calls for Better Cleanup of Onondaga Lake": Point to cap failures as sign remedy of Superfund site needs to be improved Onondaga Nation-People on the Hill, January 29, 2016

Coin, Glenn. *"Honeywell's cap to seal in Onondaga Lake toxins has broken loose three times"*, Central NY News, syracuse.com. Updated Jan. 04, 2019; Posted Jan. 28, 2016.

Coin, Glenn. *"Former EPA leader on Onondaga Lake: 10 million cubic yards of toxic soil remain, Central NY News"*, syracuse.com. Updated Jan. 04, 2019; Posted Apr. 28, 2017.

Cates, Gwendolen. *"HAUDENOSAUNEE WHITE HOUSE MEETING"*, Haudenosaunee leaders met with U.S. officials at the White House in Washington, DC to commemorate with formal acknowledgement of the Canandaigua Treaty. February 22, 2016. tp.3:33. / tp.3:47
❖ https://vimeo.com/159088926

Cates, Gwendolen. *"THE GOOD MIND"* film trailer,
❖ https://vimeo.com/154921172

ゴーストダンス

❋ Utter, Jack. *"Wounded Knee & The Ghost Dance Tragedy Memorial Edition"*, Natoinal Woodlands Publishing Company; Lake Ann, Michigan. 1991. pp.11-12. / p.2. / p.13. / p.17. / p.22.
❋ *"Disarm the Indians. Take every precaution to prevent their escape. If they choose to fight, destroy them."*, p.21.
❋ *"Remember the Little Big-horn"*, *"Remember Custer"*. pp.24-25.

Thornton, Russell. *"American Indian Holocaust and Survival: A Population History Since 1492"*, Civilization of the American Indian series, Vol.186., University of Oklahoma Press. 1987. p.133.

❋ Brown, Dee. *"Bury my heart at Wounded Knee, An Indian History of the American West"* , Holt, Rinehart&Winston, N.Y. 1971. p.416. / p.434. / p.437. / pp.441-442. / p.446.

Editor, Wishart, David J. *"Wounded Knee Massacre"*, Encyclopedia of the Great Plains.

"Following the Frontier Line, 1790-1890", United States Census Bureau. September 6, 2012.

Greenwood, Michael J. *"The Closing of the American West"*, University of Colorado at Boulder and Jesse Sexton, University of Colorado at Boulder.

Nash, Gerald D. *"The Census of 1890 and the Closing of the Frontier"*, The Pacific Northwest Quarterly, Vol.71, No.3, pp. 98-100 (3 pages), University of Washington. Jul. 1980.

Horwitz, Sari. Zezima, Katie. *"How the stories of Native American youths made Obama cry in the Oval Office"*, The Washington Post. Dec.3, 2014.

"Waiting for the Earth to Move: The 1890 Ghost Dance", Yellowstone County Museum .

Kemmick, Ed. "Rare Ghost Dance artifacts on display at Yellowstone County Museum", LAST BEST NEWS.

"Sioux set to reclaim ghost shirt", BBC NEWS. Monday, November 30, 1998.

Hastings, A. Waller." L. Frank Baum's Editorials on the Sioux Nation" ; The Sitting Bull editorial (Aberdeen Saturday Pioneer, December 20, 1890); The Wounded Knee editorial (Aberdeen Saturday Pioneer, January 3, 1891), Northern State University, Aberdeen, SD 57401.

"Chief Red Cloud-Sioux", First People :: Words of Wisdom Index :: Chief Red Cloud.

"IS A TREATY INTENDED TO BE FOREVER?", Smithsonian National Museum of the American Indian.

青い精霊

Dockstader, Frederick J. "The Kachina and the White Man: a study of the influences of White culture on the Hopi kachina cult", Bloomfield Hills, Mich.: Cranbrook Institute of Science. 1954. pp.9-11.

Waters, Frank. "Book of The Hopi", Drawing and source material recorded by Oswald White Bear Fredericks, Ballantine Books, N.Y. 1969. p.26. / p.9. / p.121. / p.138.

Wright, Barton. D. "Hopi kachinas : the complete guide to collecting kachina dolls", Northland Press / Flagstaff, 1977. p.30; Masau'u, Earth God (D2).

"Hopi: Techqua Ikachi Pt1 ENGLISH", Hopi Techqua Ikachi: Land My Life, Barmettler, Agnes. Danaqyumtewa, James. Schmid, Anka. posted by johnnakagawa. 18 May 2011. tp.4:50.
❖ https://www.youtube.com/watch?v=vGdbpu1_STM

Hopi: Techqua Ikachi Pt1 ENGLISH, ibid., tp.8:48.

Cornell, Maraya. "Biggest Fake Native American Art Conspiracy Revealed", National Geographic. March 15, 2018.

❀ Mails. Thomas E. "The Hopi Survival Kit", Stewart Tabori & Chang, N.Y. 1997. p.54. / pp.65-68. / p.77.

Hopi: Techqua Ikachi Pt1 ENGLISH, op.cit., tp.19:05 / tp. 25:35.

Bonvillain, Nancy. Deer, Ada Elizabeth., "The Hopi", Indians of North America, Heritage Edition Series, Infobase Publishing, 2009. p.53.

United States. Congress. Senate. Committee on Interior and Insular Affairs. Subcommittee on Indian Affairs "Partition of the Surface Rights of Navajo-Hopi Indian Land: Hearing Before the Committee [i.e. Subcommittee] on Indian Affairs of the Committee on Interior and Insular Affairs, United States Senate, Ninety-third Congress, First Session on H.R. 1193," U.S. Government Printing Office, 1973. p.228.

Miller, Donald Eugene. "The Limits of Schooling By Imposition: The Hopi Indians of Arizona", University of Tennessee, Knoxville, 6-1987. / p.71.

Miller, ibid., p.119.

"The Ernest S. and Eloise Carter collection 1960_1975", Smithonian Institution, Smithonian Online Virtual Archives, NMAI-034_003_006_T6479.

Mails. op.cit., p.98, p.209.

❀ "The period of this age will close by the gourd of ashes which glow brighter than the Sun. The earth will turn over four times and mankind will end up in the lowest level of darkness where they will crawl on all fours forever." ; Mails. op.cit., p.216.

"Special Ceremony: International Year of World's Indigenous People-Part 5", UN Audiovisual Library, 10-Dec-199200:34:58.
❖ https://www.unmultimedia.org/avlibrary/asset/2308/ 2308616/

白須 純（Jun Shirasu）

● ——画家、版画家。武蔵野美術大学を卒業後、ロンド
ン大学UCLスレード美術学校に留学。版画工房主任でポル
トガル人のバルトロメオ・ドス・サントス（後年名誉教授）氏
に銅版画を師事。これが縁となり1993年7月ポルトガルへ初
渡航。日本ポルトガル友好450周年壁画に制作参加した。壁
画は東京メトロ日本橋駅に接続する地下通路に現在も設置
されている。

● ——98年、ドス・サントス氏とガレリア・ラットンとの招
きにより再渡葡。ドス・サントス氏のアズレージョ画「東洋遍
歴記」（制作：バルトロメオ・ドス・サントス、ガレリア・ラット
ン）プロジェクトに参加。はじめてのタイル画を経験する。プ
ラガール駅（建築：モッタ・ゲデス氏）に設置されたこの壁画
は青と白で描かれ、パネル5組のうち3点（「北京への到着」、
「海戦」、「南蛮人到来之図」）の制作に携わった。これを機に
タイル画の制作に本格的に没入。2002年アズレージョ画の
初個展（ラットン）。2004年にはオリエント財団アーティスト・
デベロップメント奨学生（推薦：ドス・サントス、受入：ラット
ン）としてアガビーダのラットン・スタジオでアズレージョ画
の研鑽を行い、主に青の顔料についてレポートをまとめた。
2007年個人ではじめてのパブリック・アート「三庭園」をパル
メラ駅に設置（ラットン）。2008年アズレージョと版画の個展
を開催（ラットン）。2011年第1回「ジョアナ・アブランシェス・
ピント賞」を受賞（ポルトガル大使館、カモンエス院）。2016-
17年、「椿の旅」共同プロジェクトを着手（協力：オリエント財
団奨学金、ラットン、歴史検証：ジョゼ・メコ）。2016-17年に
かけてアガビーダのラットン・スタジオで制作した壁画「椿の
旅」をガレリア・ラットンにて発表。作品は2018年7月、ヴィ
ラ・ノヴァ・デ・ガイア市庁舎前広場に恒久設置された。
2017年1月、17年間にわたる白須のアズレージョ作品を一望
した個展「タイルの旅 1998>2015」をリスボンのオリエント美
術館で開催している。

● ——趣味は土いじり。制作では近年、日用品に使われて
いた版画技法に興味がわき、うちわ絵、印判皿の制作などを
行っている。

青の儀式

2020 年 10 月 23 日初版第 1 刷発行

著者	白須 純
発行者	安在美佐緒
発行所	雷鳥社
	〒167-0043 東京都杉並区上荻 2-4-12
	TEL 03-5303-9766 / FAX 03-5303-9567
	http://www.raichosha.co.jp
	info@raichosha.co.jp
	郵便振替 00110-9-97086
ブックデザイン	谷元将泰
印刷・製本	シナノ印刷株式会社
企画協力	宮本里香（NPO法人 企画のたまご屋さん）
協力	五十嵐友美
編集	甲斐菜摘

ISBN 978-4-8441-3770-2 C0039
©Jun Shirasu / Raichosha 2020 Printed in Japan.